# CONSILIA · Lehrerkommentare

Herausgegeben von Hans-Joachim Glücklich

Heft 7

Michael von Albrecht

# Interpretationen und Unterrichtsvorschläge zu Ovids ‚Metamorphosen'

mit einem Abbildungsverzeichnis
von Franz Martin Scherer

2., durchgesehene Auflage

V&R

Vandenhoeck & Ruprecht in Göttingen

# Inhaltsverzeichnis

# I. Einleitung

## 1. Grundsätzliches: Der Kontext im engeren und im weiteren Sinne

Der Wunsch, Schülern in wenigen Wochenstunden die ‚Metamorphosen' vor-
zustellen, setzt eine Auswahl voraus — ohne falsche Scheu vor dem Bekannten —, nicht nur mit Rücksicht auf die Lehrpläne, sondern auch im Vertrauen
auf die Unverwüstlichkeit und Unerschöpflichkeit der mit Recht berühmten
Texte[1]. Andererseits legen die Ergebnisse der heutigen Forschung und auch
Ovids eigene Andeutungen nahe, die ‚Metamorphosen' im Zusammenhang zu
lesen, zumindest aber jedes Stück in seinem Kontext zu verstehen. Dazu müssen in der heutigen Situation zweisprachige Ausgaben und Übersetzungen
herangezogen werden[2]. Denkbar wäre einerseits in Klassen, die noch keine
ausreichenden Lateinkenntnisse haben, eine hinführende Lektüre entweder zu
Hause oder im Rahmen benachbarter Fächer (Deutsch, Religionsgeschichte),
andererseits begleitende Lektüre mit dem Ziel, den im Unterricht erarbeiteten
Originaltext in einen weiteren Rahmen zu stellen. Oberstes methodisches Kri-
terium der Originallektüre ist freilich die Treue zum Text und der sorgfältige
Nachvollzug des Weges, auf dem der Leser den Dichter begleiten darf. Wichtige Ziele einer solchen Lektüre sind das scharfe Beobachten des im lateinischen Text Ausgesagten und Gemeinten, das genaue Lesen und Hören —
nicht nur in formaler, sondern auch in inhaltlicher Beziehung. Dazu sollen die
folgenden Bemerkungen einige Anregungen bieten.
Eines der wichtigsten — und auch für den Unterricht fruchtbarsten — Prinzipien der Interpretation ist es, Ovid aus Ovid zu erklären. So hat bei der Originallektüre das genaue Verstehen des Textes aus sich selbst heraus methodisch den Vorrang vor anderen Erklärungsweisen. Auf einer nächsten Stufe
der Deutung muß freilich die Einzelerzählung in dem unmittelbaren Zusammenhang, in den Ovid sie gestellt hat (wir nennen dies den ‚engeren Kontext')
und thematisch im Rahmen des ganzen Werkes (dem ‚weiteren Kontext') betrachtet werden.

---

1 Als Erweiterung des Kanons wären zu empfehlen: die Fama-Allegorie (12,39—63) (im
Vergleich mit Vergil, *Aen.* 4,173—197), Arachne (6,1—145) und die Töchter des Anius
(13,623—674). Zur Interpretation der Arachne- und Anius-Erzählungen: M. v. Albrecht:
L'épisode d'Arachné dans les Métamorphoses d'Ovide, in: Revue des Etudes Latines, 57,
1979 (ersch. 1980), S. 266—277. Ders.: Le figlie di Anio, in: Atti del convegno internazio-
nale „Letterature classiche e narratologia", Selva di Fasano 1980, S. 105—115.
2 Genannt seien die Tusculumausgabe von H. Rösch (München [7]1977), die Artemisausgabe
von H. Breitenbach (Zürich [2]1964) und die Prosaübersetzung von M. v. Albrecht (München 1981).

Für die Herstellung des *Zusammenhangs im engeren Sinne* sei auf das übersichtliche Buch von Walther Ludwig hingewiesen[3]. Ludwigs Gliederung der ‚Metamorphosen' in zwölf sogenannte „Großteile" ist durch Einzelinterpretationen, wie sie in den letzten Jahren entstanden, weitgehend bestätigt worden und ist anderen Versuchen (z. B. von B. Otis[4]) überlegen. Daneben sei an die gute Dissertation von Hans Bodo Guthmüller[5] erinnert, der sich jedoch nur mit einem Teil des Werkes befaßt. Doch seien auch die Grenzen der Großteil-Hypothese nicht verschwiegen. Die Leitbegriffe stammen aus verschiedenen Bereichen und stehen nicht auf gleicher Stufe: teils sind sie chronologisch (z. B. Urzeit), teils thematisch (Götterliebe, Götterzorn)[6], teils handelt es sich um Personennamen (Perseus, Hercules). Diese Tatsache spricht nicht unbedingt gegen Ludwigs Einteilung, aber der Leser sollte sich in jedem Falle fragen, ob außer den von Ludwig hervorgehobenen noch andere Verbindungen bestehen. Insbesondere ist wohl über den Aufbau der einzelnen Bücher noch nicht das letzte Wort gesprochen — ja, er ist noch wenig erforscht, obwohl doch die Bucheinteilung mit Sicherheit vom Dichter selbst stammt. Ähnliches gilt von der Übergangstechnik, d. h. den Hinweisen, die der Dichter am Ende und am Anfang der Erzählungen gibt. Das Verhältnis zwischen Großteilstruktur, Buchstruktur und Übergangstechnik kann jeweils nur in der Einzelinterpretation bestimmt werden. Ein gutes Beispiel für die Wichtigkeit des engeren Kontexts ist die Erzählung von Daedalus und Icarus (s. dort).

Wenden wir uns nun der *Einordnung in den weiteren Kontext* des Werkes zu! An erster Stelle verdient hier natürlich das Thema *Metamorphose* Beachtung. Freilich stößt ein Versuch, hier eine strenge innere Einheit zu entdecken, auf gewisse Schwierigkeiten, die man gerade bei sorgfältiger Textlektüre — und sie ist eines unserer Lernziele — nicht umgehen kann: Zwar kommen in fast allen Erzählungen der ‚Metamorphosen' Verwandlungen vor, doch ist die Metamorphose nicht immer Hauptthema. Eine Lektüre des Werkes nur im Hinblick auf die Verwandlungen bedeutet also eine Einengung.

## 2. Mythisches und physikalisches Weltbild: Verschiedene Arten der Metamorphose

Es kommt hinzu, daß Ovid bei der theoretischen Begründung des Verwandlungsprinzips in der Pythagorasrede des 15. Buches (15,75—478) auf einer ganz anderen Ebene argumentiert als im übrigen Werk. Dort ist das Weltbild

---

3 Struktur und Einheit der Metamorphosen Ovids, Berlin 1965. Es handelt sich um folgende Teile: 1,5—451; 1,451—2,835; 2,836—4,606; 4,607—5,249; 5,250—6,420; 6,421—9,97; 9,1 (sic)—446; 9,447—11,193; 11,194—795; 12,1—13,622; 13,623—14,440; 14,441—15,870. Die Bucheinteilung berücksichtigt stärker: E. Rieks: Zum Aufbau von Ovids Metamorphosen, in: Würzburger Jahrbücher N. F. 6 b, 1980, S. 85—103.

4 B. Otis: Ovid as an epic poet, Cambridge 1966, ²1971.

5 Beobachtungen zum Aufbau der Metamorphosen Ovids, Diss. Marburg 1964.

6 Soweit Ludwigs Gliederung thematischen Prinzipien folgt, kann sie für die Praxis der thematischen Lektüre fruchtbar gemacht werden: Der erste Haupttext zum Thema (etwa ‚Götterliebe') wäre lateinisch zu lesen, Paralleltexte in Übersetzung heranzuziehen.

mythisch, hier naturwissenschaftlich, und demgemäß haben auch die jeweils besprochenen Verwandlungen verschiedenen Charakter. So liegt die Metamorphose einer Raupe in eine Puppe und der Puppe in einen Schmetterling auf einer anderen Ebene als die Verwandlung Daphnes in einen Lorbeerbusch. Diese Schwierigkeiten haben viele Forscher davon abgehalten, einen tieferen Zusammenhang zwischen dem letzten Buch und dem übrigen Epos anzunehmen. Fragt man nach einer solchen Beziehung, so darf man die genannten Probleme nicht einfach ignorieren. Zunächst ist klarzustellen, daß für die Römer kein Weltbild einen Ausschließlichkeitsanspruch erheben darf. Der römische Gelehrte Varro (bei Aug., *civ.* 6,5) stellt gleich drei Weltanschauungen nebeneinander: *theologia physica* oder *rationalis* (sie umfaßt das Weltbild der damaligen Wissenschaft, mit der Erde als Kugel inmitten des Alls und der Annahme eines einzigen, abstrakt gedachten Gottes), *theologia fabulosa* (das dreigeschossige mythische Weltbild, bestehend aus Himmel, Erde und Unterwelt und den zahlreichen Göttern des heidnischen Mythos) und schließlich die *theologia civilis* (die Staatsreligion, nach der man sich in seinem Handeln richtet, ohne vorwitzige Fragen zu stellen). Nach Varros eigenem Urteil hat nur das an erster Stelle genannte ‚rationale‘ oder ‚physikalische‘ Weltbild wissenschaftlichen Wert; doch erst die Kirchenväter werden (Aug., *civ.* 6,5) mit Entschiedenheit fragen, wieso dann die beiden anderen Anschauungsformen noch mitgeschleppt werden. Den Römern der klassischen Zeit wäre eine solche Frage wohl nicht in den Sinn gekommen. Sie waren gewohnt in verschiedenen Daseinsbereichen verschiedene Vorstellungs- und Erklärungsweisen gelten zu lassen. Den Mythos ordneten sie dabei dem ‚Theater‘ zu; gab er doch die Möglichkeit, menschliche Schicksale und Verhaltensweisen in Form einer Erzählung oder dramatischen Handlung darzustellen. Darauf beruht der Wert der Beschäftigung mit dem Mythos noch heute. Zudem entsprach das mythische Weltbild mit den symbolischen Bezügen von Oben und Unten dem Augenschein und konnte deshalb zumindest im psychologischen Bereich eine relative Gültigkeit beanspruchen.

Was nun Ovids ‚Metamorphosen‘ betrifft, so ist das physikalische Weltbild im ersten und im letzten Buch von Bedeutung, und die Staatsreligion wird nur gegen Ende berührt. Das Werk spielt überwiegend im mythischen Bereich. Allerdings darf man nicht vergessen, daß das Ergebnis der meisten Metamorphosen die Entstehung einer neuen Tier-, Pflanzen- oder Steinart ist. In dieser Beziehung geht es also im ganzen Werk um Naturerklärung, wenn auch unter einem anderen Gesichtspunkt als im ersten und im letzten Buch. Insofern ist es nicht ganz verfehlt, wenn H. Haege[7] den Verwandlungen im gesamten Werk besondere Aufmerksamkeit schenkt (vgl. z. B. S. 270: „Man kann die zahlreichen Beziehungen zwischen Metamorphosen und Naturwissenschaft nicht gering achten.“). Mir selbst haben sich bei der Lektüre der Arachne-Erzählung Beziehungen zu Platons Timaios aufgedrängt[8].

---

7 Terminologie und Typologie des Verwandlungsvorgangs in den Metamorphosen Ovids, Göppingen 1976.
8 Revue des Etudes Latines 57, 1979, S. 266–277.

Im Unterschied zu der heute allgemein üblichen ‚aufsteigenden‘ Naturerklärung (die den Menschen als Produkt einer fortschreitenden Entwicklung sieht), liegt manchen Erzählungen Ovids das umgekehrte Denkschema zugrunde: das Tier als Resultat einseitigen Verhaltens des Menschen, gewissermaßen als Folge einer Spezialisierung. So dokumentieren die ‚Metamorphosen‘ im ganzen weniger den uns geläufigen Gedanken, der Mensch sei das Produkt seiner Umwelt, als vielmehr umgekehrt die Vorstellung, daß die Umwelt ein Produkt des Menschen ist — eine Überlegung, die in anderer Weise heute wieder Aktualität gewinnt.

## 3. Götter

In diesem Rahmen können als weitere wichtige Themen die *Funktion der Götter* und das *Menschenbild* betrachtet werden. An der Behandlung der Götter zeigt sich wieder das Neben- bzw. Ineinander der beiden erwähnten Weltbilder. Ovid spielt häufig die physikalische Bedeutung eines Gottes gegen seine anthropomorphe Erscheinung aus, so wenn er über Mutter Erde sagt: „Sie zog ihr Antlitz in sich selbst zurück"[9]. Oder wenn er vom Weingott Bacchus berichtet, Midas habe „den Geber der Gabe mit Wasser vermischt"[10]. Durch solche Signale verständigt sich Ovid mit dem Leser über die Relativität des mythischen Weltbildes und hält die Erinnerung an das physikalische wach.

Im übrigen kennt auch Vergil in der ‚Aeneis‘ die physikalische Bedeutung der Götter und spielt, wie man neuerdings wieder hervorgehoben hat, häufig auf sie an.

Auch die anthropomorphe Erscheinung der Götter bietet reichen Stoff für Beobachtungen. Je nach Charakter, Geschlecht oder Altersstufe werden die Olympier dem Erfahrungsbereich der stadtrömischen Leserschaft angepaßt: Wie ein Großstadtjüngling ruft Apollo beim Anblick von Daphnes schönem Haar aus: „Wie, wenn es erst frisiert wäre!" (1,498). Für die Himmlischen gilt das gleiche Gesetz wie für römische Beamte: Keiner kann die Amtshandlungen eines Kollegen rückgängig machen (3,336 f.).

Für sein eigenes Schaffen ruft Ovid (ähnlich wie in der ‚Liebeskunst‘) auch am Anfang der ‚Metamorphosen‘ keine Dichtergottheiten an, sondern die für das Sachgebiet zuständigen Götter: dort die Liebesgöttin Venus, hier die göttlichen Urheber der Verwandlungen[11]. Erst in späteren Stadien der Werke (15,622) beruft er sich auch auf die traditionellen Dichtergottheiten (vgl. auch 10,148, wo Orpheus seine Mutter Calliope anruft).

Ein wesentlicher Aspekt von Ovids Gottesvorstellung ist die Macht. Diese Betrachtungsweise ist typisch römisch. Die Macht der Götter wird in der Er-

---

9 *Rettulit os in se* (2,303).
10 *Miscuerat puris auctorem muneris undis* (11,125).
11 Die ‚Zuständigkeit‘ der Götter für Verwandlungen tritt sogar in Erzählungen hervor, in denen man dies nicht unbedingt erwartet, so in der Geschichte von Daedalus und Icarus (s. dort).

zählung von Philemon und Baucis der menschlichen *pietas* gegenübergestellt, in der Geschichte von Niobe der Hybris der Sterblichen. Mit besonderer Ehrfurcht spricht Ovid von der Macht der Mysteriengötter Bacchus und Isis (so in der Erzählung von Iphis, die das neunte Buch abschließt). Hier ist von seinem Spott über die Olympier nichts zu finden. Was das dichterische Ingenium betrifft, so offenbart es sich im Innern des Menschen; daher kann Ovid von sich sagen: *est deus in nobis* (*ars* 3,549). Hier werden alte Inspirationsvorstellungen zum Ausdruck intensiven Daseinsgefühls. Die Problematik und die Grenzen menschlichen Schöpfertums werden in den Geschichten von Daedalus und Orpheus deutlich.

## 4. Menschenbild

Dies führt uns weiter zum Menschenbild der ‚Metamorphosen‘. Als ‚Weltbühne‘ ist der Mythos ein Repertorium typischer Schicksalsverläufe. Damit ist eine Nähe zur altrömischen Tragödie gegeben, die den Mythos in Rom einbürgerte. Im einzelnen ist es gewiß lohnend, in den ‚Metamorphosen‘ die Bewältigung oder Nichtbewältigung von Problemen bestimmter Altersstufen zu beobachten: so die Frage der Identitätsfindung des jungen Menschen (Phaëthon) oder des Freiwerdens des Menschen im Alter für neue, höhere Aufgaben (Philemon und Baucis). Dies ist keine rein soziologische Fragestellung, gibt sie doch auch Einblick in die Charakterisierungskunst des Dichters.
Ein unerschöpfliches Thema ist die Liebe. Sieht man die Geschichte von Pyramus und Thisbe nicht isoliert, sondern im Zusammenhang der Erzählungen der Minyastöchter, so beobachtet man verschiedene Abwandlungen des Themas ‚Liebe‘. Am Anfang steht die wechselseitige Liebe von Pyramus und Thisbe, die erst im Tod ihre Erfüllung findet, am Ende die einseitige Liebe der Nymphe Salmacis zu Hermaphroditus, die nur körperlich zu einem Zwitter vereint werden. Ähnlich gehört die Orpheus-Erzählung mit den benachbarten Sagen zusammen. Für Orpheus wird Liebe zum Schicksal. Sie macht ihn fähig, Eurydice den Todesmächten zu entreißen; aber dieselbe Liebe führt zur Mißachtung des Verbots und somit zum endgültigen Verlust der Geliebten. Im übrigen erweitert Ovid den Bereich der Liebesthematik in den ‚Metamorphosen‘ in zwei Richtungen: Einerseits berücksichtigt er hier (im Unterschied zur ‚Liebeskunst‘) auch Sonderformen und Verirrungen der Liebe (Liebe zu Knaben, Liebe zwischen Mädchen, Geschwistern, Eltern und Kindern), andererseits betrachtet er in den ‚Metamorphosen‘ die Liebe als Schicksalsgemeinschaft und gewinnt auf diese Weise der Ehe positive Aspekte ab (z. B. Ceyx und Alcyone). Die Geschichte von Narcissus und Echo behandelt u. a. das Problem eines Menschen, der ausschließlich auf sich selbst bezogen und daher zu einem Kontakt mit anderen nicht mehr fähig ist. So gibt auch das Thema ‚Liebe‘ die Möglichkeit, verschiedene Aspekte des menschlichen Zusammenlebens zu beleuchten.

## 5. Problematik des Textvergleichs

Andere menschliche Grundhaltungen und Erfahrungen sind bereits kurz zur Sprache gekommen (z. B. *pietas* und ὕβϱις). Bei der Interpretation der Texte wird streng darauf zu achten sein, daß man nicht den Mythos ‚als solchen' interpretiert, sondern die Deutung, die ihm Ovid gegeben hat. Diese kann zuweilen vom Üblichen abweichen. So im Falle der Arachne-Erzählung, in der das traditionelle Schema von bestrafter Hybris beinahe ins Gegenteil verkehrt ist. Daher ist es wichtig, auf den Wortlaut zu achten und den Originaltext zu lesen.

Dies muß auch unsere Blickrichtung sein, wenn wir Ovid mit anderen Autoren vergleichen, sei es mit solchen aus der Neuzeit — wobei sich auch eine Berücksichtigung der Bildenden Kunst anbietet — oder mit griechischen und römischen Vorgängern, deren Texte auch in Übersetzung vorgelegt werden können. Dabei geht es weniger darum, Ovid etwaige Unselbständigkeit nachzuweisen, sondern den Intentionen des Dichters gerecht zu werden, die in manchen Fällen durch die modifizierende Bezugnahme auf Vorbilder besonders deutlich werden. Beispiele wären die Behandlung des Erysichton-Mythos (8,738—878 im Vergleich mit Kallimachos) und des Aeneas-Stoffes (13,623—14,608 im Vergleich mit Vergil).

## 6. Dichter und Leser: Thematische Aspekte

Wenden wir uns nun der Beziehung zwischen Dichter und Leser zu, in der eine weitere Rechtfertigung der Originallektüre liegt. Wie alle musischen Künste braucht die Dichtung, um gelesen, vorgetragen und aufgenommen zu werden, die Dimension der Zeit. Dabei handelt es sich um einen lebendigen Prozeß, der sich zwischen Dichter und Leser vollzieht. Da die einzelnen Worte des Textes sukzessiv aufgenommen werden, ist die Vergewisserung in Form der Paraphrase nicht entbehrlich. Sie erweist sich als ein Weg der geistigen Aneignung und als eine Schule des Lesens.

Hier können nur einige Anregungen zu eigener Beobachtung gegeben werden.

(a) Welche besonders bedeutungsvollen Worte treten am Anfang des jeweils betrachteten Textes auf? Ein Beispiel wäre der erste Vers der ‚Metamorphosen', der das Thema des ganzen Werkes angibt *(mutatas formas)*. An der Nahtstelle zwischen den Geschichten von Niobe bzw. den lykischen Bauern steht das Stichwort ‚Götterzorn' (6,313). Betont ist in Vers 2 *nam vos:* die G ö t t e r sind die Urheber der Verwandlungen. Den Stimmungskontrast zwischen zwei Erzählungen heben Stichworte hervor: 8,236: *miseri;* 238 *gaudia.*

(b) Wichtige Worte können auch an anderen Stellen in die Erzählung eingeschaltet werden, unter Umständen als Hinweis auf den Affekt, der das Geschehen vorwärts treibt; so: „Die Liebe machte sie kühn" (4,96) oder: „Der Zorn macht sie bösartig" (13,562; vgl. auch 8,224: *caelique cupidine).*

(c) Bedeutungsvolle Worte können in gleichem oder entgegengesetztem Sinne wiederaufgenommen werden; so bildet das Adjektiv *orba* in der Niobeerzählung ein Leitmotiv. Erst erklärt Niobe höhnisch, Latona sei so gut wie kinderlos (6,200), dann wünscht Latona, diese Äußerung möge auf Niobe selbst zurückfallen (6,212). Nach dem Tod aller Kinder Niobes wird das Adjektiv vom Erzähler bedeutungsschwer wieder aufgenommen und auf Niobe bezogen (6,301).

(d) Es ist auch sinnvoll, nach der Art der Personenbezeichnung zu fragen. Dabei entdeckt man mehr als ein äußerliches Streben nach *variatio*. So wird Medea in dem Augenblick, als sie sich in Iason verliebt — was dem Verrat an Vater und Vaterland gleichkommt —, mit dem Patronymikon ‚Tochter des Aeetes' *(Aeetias)* bezeichnet. Wenn im Aeneas-Teil der Held als *Cythereius heros* (13,625) eingeführt wird, so entspricht dies der beherrschenden Rolle der Venus in jenem Teil der ‚Metamorphosen'. Daedalus erscheint beim ersten Flugversuch als *opifex* (δημιουργός, 201), nach dem Absturz des Icarus wird Daedalus als *pater infelix* bezeichnet.

(e) Im allgemeinen sind die Anfangsteile der Erzählung so sorgfältig stilisiert, daß es sich lohnt, sie nach Lektüre der Erzählung nochmals vorzunehmen, um festzustellen, welche Aspekte des künftigen Geschehens sich hier bereits andeuten (auch ein Negativkatalog wäre nützlich).

(f) Verfremdung: Sie dient dazu, dem Ereignis die Frische des Erstmaligen zu verleihen: 8,202; *motaque pependit in aura*. (So ist der Flug des Daedalus absichtlich naiv, fast mit den Augen des Kindes gesehen, um das Wunderbare des Geschehens zu unterstreichen.)

(g) Des weiteren sollte man unterscheiden, ob Ovid in der Einleitung bereits stark an das Mitgefühl des Lesers appelliert oder sich in der Beziehung bewußte Zurückhaltung auferlegt, um eine Steigerung zu ermöglichen. Unter diesem Gesichtspunkt kann man die Orpheus-Erzählung vom Anfang des zehnten Buches anführen. Die meisten Übersetzer und Nachgestalter empfanden die Einleitung als zu trocken und versuchten, ihr durch gefühlvolle Adjektive oder dramatische Erzählweise etwas aufzuhelfen, ohne zu beachten, daß es sich um eine Einleitung des soeben beschriebenen zweiten Typus handelt.

## 7. Dichter und Leser: Stilistisches

Von formalen Mitteln, die der Erleichterung des Verständnisses oder der Deutung dienen, seien folgende genannt:

(a) Sperrung (Hyperbaton) zur Abgrenzung zusammengehöriger Komplexe. Zum Beispiel stehen in den ersten beiden Versen der ‚Metamorphosen' die zusammengehörigen Wörter *in nova* und *corpora* in Sperrstellung, ebenso *mutatas* und *formas*. Dazwischen sind die Verben *fert animus* und *dicere* eingeflochten. Auf diese Weise wird die Ankündigung des Themas vom Leser als eine in sich geschlossene Einheit aufgenommen.

(b) Ein sehr auffälliges Mittel ist die Parenthese[12], da sie den Satzzusammenhang durchbricht. Wegen dieser Auffälligkeit füllt Ovid sie nicht mit Nebensächlichem, sondern macht sie zum Bedeutungsträger. So gibt *nam vos mutastis et illas* (*met.* 1,2), eine Paranthese, den Hinweis auf den wesentlichen Zusammenhang zwischen den Göttern und den Verwandlungen, für die sie als deren Urheber ‚zuständig‘ sind.

(c) Stellung des Wortes im Satz: Das wichtigste Wort erhält eine zentrale Position, z. B. *mutatas* im ersten Satz der ‚Metamorphosen‘.

(d) Nebeneinander von Gegensätzen, z. B. 1,19 f.: *umentia siccis, mollia cum duris, sine pondere, habentia pondus*. Das Nebeneinander gleichartiger Wörter kann eine Paradoxie unterstreichen, z. B. 8,196: *sua se tractare pericla*.

(e) Auch das Metrum kann Inhaltliches hervorheben; so liegt in Vers 1 auch deshalb auf *mutatas* besonderer Nachdruck, weil es in diesem Vers die einzigen Spondeen bildet.

(f) Die normale Gedankenfolge kann umgestellt werden, z. B. 8,163: *refluitque fluitque*.


## 8. Dichter und Leser: Erzählstruktur, Gleichnisse, Reden

Wenden wir uns nun der Erzählstruktur zu! Sie muß mit besonderer Sorgfalt nachgezeichnet werden, weil sich in ihr die Absicht des Dichters spiegelt, den Leser zu führen und durch das Wort zu beeinflussen. Wir haben bereits von der Einleitung gesprochen, die in mancherlei Hinsicht für die Aufnahme des Späteren den Boden bereitet und den Leser auf das Kommende einstimmt. Etwas länger sei jetzt bei den sprachlichen Möglichkeiten verweilt, die es dem Leser gestatten, verschiedene Phasen und Stufen der Erzählung als solche zu erkennen.

Der Beschreibung des Hintergrundes dienen das Imperfekt und das Plusquamperfekt; die Haupthandlung steht im historischen Perfekt oder historischen Präsens, wobei in erzählender Dichtung das historische Perfekt das Seltenere ist. Schon aus diesem Grund (aber nicht nur deswegen) wirkt es gewichtiger. Parallel zu dem sinnvollen Gebrauch dieser Kunstmittel entfaltet sich die poetische Darstellung selbst: Die Perspektive verengt sich von allgemeinen Beschreibungen auf eine bestimmte Person oder von gewohnheitsmäßigen Handlungen auf einmalige. Darüber hinaus erlaubt der Wechsel von Perfekt und Präsens eine Differenzierung zwischen gewichtigen Handlungen und solchen, die nur vordergründig sind bzw. sich als Folge aus jenen ergeben. Allgemein kann der Dichter durch Differenzierung verschiedener Tempora zeigen, auf welche Punkte der Erzählung er besonderes Gewicht legen möchte[13].

---

12 Vgl. M. v. Albrecht: Die Parenthese in Ovids Metamorphosen und ihre dichterische Funktion, Hildesheim 1963.

13 Vgl. das Beispiel auf S. 27.

Der Hervorhebung wichtiger Augenblicke dienen auch die Gleichnisse[14]. Am Anfang der Erzählung können sie den die Handlung vorwärtstreibenden Affekt herausarbeiten (so z. B. 1,492 ff. in der Daphne-Erzählung, wo das Bild des brennenden Stoppelfeldes Apollons Liebe illustriert). In der Mitte der Erzählung treten Gleichnisse kurz vor der Peripetie auf, um den letzten Augenblick der Ungewißheit stärker in das Bewußtsein des Lesers zu rücken. Eine entsprechende Funktion können auch Monologe übernehmen, die das innere Schwanken ovidischer Gestalten spiegeln, bzw. die Handlung zunächst scheinbar in eine trügerische Richtung weiterführen. Gegen Ende der Erzählung können Gleichnisse die jeweilige Metamorphose erklären oder begründen und auf diese Weise zur ‚Glaubwürdigkeit' der Erzählung beitragen (z. B. 4,121 ff.).

Die Beobachtung der genannten Kunstmittel erlaubt es uns, genauer festzustellen, wie Ovid seine Leser führt und welche Anforderungen er an sie stellt.

Wenigstens kurz sei hier auf die Reden eingegangen, die Ovid in seine ‚Metamorphosen' eingefügt hat. Man muß unterscheiden zwischen Reden, die einen Zuhörer oder ein Publikum überzeugen sollen, und anderen, die nur ein Spiegel der Seele des Sprechers sind. Reden der zweiten Gruppe, zu der vor allem die Monologe gehören, lassen sich nur bedingt in rhetorischen Kategorien erfassen, da sie nicht immer auf einen unmittelbaren Zweck ausgerichtet sind. Trotzdem kann man in einzelnen Fällen auch hier von rhetorischer Argumentation sprechen. Die andere Gruppe wird vor allem durch den Redekampf von Aiax und Ulixes (*met.* 13,1—398) repräsentiert (der freilich zu lang sein dürfte, um im Unterricht in extenso behandelt zu werden), aber auch durch zahlreiche kürzere Reden, an denen sich durchaus Prinzipien rhetorischer Gestaltung aufzeigen lassen. Eine solche Betrachtungsweise ist dem Wesen ovidischen Dichtens keineswegs fremd; kommt doch seine Art des Schreibens dem auch heute wieder erwachten Interesse an der Einwirkung auf andere Menschen durch das Wort entgegen.

## 9. Zusammenfassung

*A. Verbindung thematischer Aspekte mit der Strukturanalyse der ‚Metamorphosen':*

Parallele Lektüre von Haupt- (lateinisch) und Nebentexten (deutsch oder in Beschränkung auf Kernstellen lateinisch) unter thematischen Gesichtspunkten mit Berücksichtigung der Stellung der jeweiligen Erzählung im Kontext der ‚Metamorphosen'. So werden einerseits die Ergebnisse der Strukturforschung für die thematische Lektüre ausgewertet, andererseits wird die thematische Lektüre für das Verständnis des Gesamtaufbaus der ‚Metamorphosen' fruchtbar gemacht. (Dabei kann man auch hoffen, die Nachteile der thematischen

---

14 Vgl. M. v. Albrecht: Zur Funktion der Gleichnisse in Ovids Metamorphosen, in: H. Görgemanns/E. A. Schmidt (Hrsg.): Studien zum antiken Epos, Meisenheim 1976, S. 280—290.

Lektüre zu bannen — Fragmentierung: der Text ist nur Beleg für ein Problem, wird nicht als solcher gewürdigt — ebenso wie die Gefahren reiner Autorenlektüre (stumpfsinniges Weiterübersetzen ohne Besinnung) und die Vorteile beider Methoden zu vereinigen: Thematische Lektüre (Reflexion und Besinnung), Autorenlektüre (die Themen werden nicht von außen an den Text herangetragen, sondern organisch aus ihm entwickelt; daher sollten sie methodisch nicht am Anfang der Interpretation stehen [wie es hier nachträglich aus Gründen der Übersichtlichkeit geschah!], sondern als Resultat aus der Interpretation erwachsen).

Die in der Textausgabe enthaltene Auswahl bewahrt die Reihenfolge Ovids. Es läßt sich aber durchaus eine Lektüre denken, die von dieser Reihenfolge abweicht, einige sprachlich und inhaltlich weniger komplizierte Metamorphosen zuerst anbietet, etwa ‚Daedalus und Icarus‘, ‚Pyramus und Thisbe‘, ‚Niobe‘ oder ‚Iason und Medea‘. In der Ausgabe werden die ausgewählten Texte in ihren Zusammenhang eingeordnet. Eine darüber hinausgehende Erarbeitung des gesamten Inhalts und Verlaufs des Werkes erscheint in der Mittelstufe schwierig. Welcher Schüler würde in der 10. Jahrgangsstufe die gesamten ‚Metamorphosen‘ lesen, verstehen und auf eine Verlaufsdarstellung komprimieren können? Und auch die Vermittlung einer Gliederung und Inhaltsübersicht durch den Lehrer und mit einer gedruckten Darstellung erbringt wenig, weil die Entgegennahme der vielen Mythen und Namen oberflächlich bleiben muß und eher verwirren als Klarheit bringen kann. Bei einer späten Lektüre der ‚Metamorphosen‘ in einem Leistungskurs eröffnen sich hingegen mehr Möglichkeiten, den Gesamtzusammenhang zu betrachten.

*B. Thema ‚Metamorphose‘:*
Differenzieren zwischen ‚mythischen‘ und ‚natürlichen‘ Metamorphosen (wie z. B. der des Schmetterlings) und ihre Deutung. Danach, aber erst als zweiter Schritt, auch die Beachtung ‚natürlicher‘ Aspekte in den ‚mythischen‘ Partien und ‚mythischer‘ Aspekte in den ‚naturwissenschaftlichen‘ Teilen (Science fiction).

C. Daran anknüpfend: *der Mensch als Produkt der Umwelt,* bzw. *die Umwelt als Produkt des Menschen* (zur Ergänzung: Karl Jaspers, Vom Ursprung und Ziel der Geschichte, München 1955 und öfter).

D. *Götteranrufungen und dichterisches Selbstverständnis* (Proömium, Epilog; evtl. als Vergleichstext das Proömium der Liebeskunst).

E. *Mythos als exemplarische Darstellung menschlicher Situationen, Charaktere und Schicksalsverläufe:*
   1. Selbsterkenntnis (Identitäts-Problem)
      a) Phaëthon (übersteigerter Anspruch aufgrund eines Identitätsproblems)
      b) Niobe (Hybris im Bewußtsein der eigenen ‚völlig gesicherten‘ Existenz)

Vergleichstexte:
c) Arachne (Selbst-Identifikation mit der technisch-künstlerischen Leistung [*met.* 6,1—145], Vernachlässigung der *pietas*)
d) Ars amatoria 2,500—503; vgl. 3,135 f.; 771 (Erkenntnis der individuellen Qualitäten)

2. Verhalten der Menschen untereinander
   a) ältere und jüngere Generation (Phaëthon, Daedalus, Niobe)
   b) Lehrer und Schüler (Arachne)
   c) Chancen des Altwerdens (Philemon und Baucis)

3. Liebe
   a) Liebe als Kommunikationsproblem (Narcissus)
   b) Irrwege der Liebe (Narcissus, Myrrha, Byblis)
   c) Liebe und Ehe als Schicksalsgemeinschaft (Ceyx und Alcyone, Philemon und Baucis, Cephalus und Procris, Pyramus und Thisbe)

4. Götter und Menschen
   a) Macht der Götter: Bewirken der Verwandlung (Daedalus-Geschichte, Philemon und Baucis), problematische Aspekte dieser Macht (Arachne)
   b) Hybris: Niobe, Arachne, Lykische Bauern

5. Kunst und Künstler
   Daedalus (Neid), Orpheus (Liebe), Pygmalion *(pietas)*, Arachne (Selbstgefühl)

F. *Ovids Mythenauffassung und Mythenkritik,* z. B. Vergleich des Briseis-Briefes[15] (*epist.* 3) und der Behandlung der Brises-Tochter bei Homer (in Übersetzung)

G. *Kontakt zwischen Dichter und Leser:* Wechselspiel von Einfühlung und Distanz:
   a) Selbstinterpretation im Text durch Tempusgebrauch, Gleichnisse, Eigennamen (Patronymika), Aufbau von Erzählungen, narrative Strukturen, Retardierung, Beschleunigung
   b) Das Wort als Überzeugungsmittel: Rhetorisches in den Reden ovidischer Gestalten; in Ovids eigener Darstellungsweise
   c) Gattungsunterschiede Epos — Elegie (z. B. Daedalus in *met.* 8 und *ars* 2).

---

15 M. v. Albrecht: Rezeptionsgeschichte im Lateinunterricht, ausgehend von Ovids Briseis-Brief (*epist.* 3), in: H.-J. Glücklich (Hrsg.): Der altsprachliche Unterricht im heutigen Gymnasium, Mainz 1978, S. 122—149, jetzt in: Der altsprachliche Unterricht 23,6, 1980, S. 37—53.

# II. Interpretationen

---

## Text 1:   Proömium (Vorrede, 1,1–4)

---

Welches Thema kündigt Ovid an? „Gestalten, die in neue Körper verwandelt wurden" *(formas mutatas in nova corpora)*. Das Thema ‚Verwandlung' bestimmt das ganze Werk (wenn auch der Bezug zu diesem Hauptthema stellenweise eher locker ist). *Forma* ist Gestalt (manchmal auch ‚Schönheit', d. h. Wohlgestalt), *corpus* kommt ebenfalls dem Gestaltbegriff nahe (‚Struktur'; Hilfsvorstellung: Schiffskörper, Schiffsrumpf). Welche formalen Mittel markieren das Wichtige? Zusamengehöriges (*in nova* und *corpora*) steht in zwei aufeinanderfolgenden Versen untereinander. Der Hinweis auf die neuen Gestalten umrahmt den Satz. Die Voranstellung von *in nova* durch das Hyperbaton ist besonders reizvoll, aber eine zu stark isolierende Interpretation (etwa „in neue Gefilde treibt mich der Geist", vgl. Hor. *carm.* 3,25) hat keinen Anhalt im Text. *Formas* und *corpora* stehen an der Versfuge nebeneinander: die alte und die neue Gestalt. Das Zentralthema *mutatas* erklingt nachdrücklich in der Mitte des Hexameters und ist zudem durch seine spondeische Form zwischen reinen Daktylen hervorgehoben.

In welcher Anordnung soll das Thema behandelt werden? Der Rahmen soll chronologisch sein und die gesamte Weltgeschichte umfassen (3 f.). Wir werden darauf zurückkommen.

Wie begründet Ovid die Wahl des Themas? *Fert animus* („der Wille treibt mich"). Mehr als um ein bloßes ‚Lusthaben' geht es um ein Getriebensein *(ferri)*, der *animus* ist der ϑυμός des epischen Sängers. In der ‚Odyssee' will Penelope dem Rhapsoden verbieten, ein bestimmtes Thema zu behandeln. Telemach verteidigt die Freiheit des Dichters: „Laß ihn singen, wozu ihn der Mut treibt" (ϑυμός ὀτρύνει, *Od.* 1,336 ff.; vgl. 8,43 ff.).

Welche Funktion haben die Götter in unserem Proömium? Die Anrufung der Götter hat seit alters den Sinn, Lücken der eigenen Kenntnis und Mängel der eigenen Kraft auszugleichen. Der Dichter des alten Epos wendet sich an die Musen, wenn es eines übermenschlichen Wissens oder Gedächtnisses bedarf, um die ihm gestellte Aufgabe zu bewältigen. So redet Homer in der ‚Ilias' vor dem Schiffskatalog (2,484 ff.) die Musen an: „Denn ihr seid Göttinen, seid gegenwärtig und wißt alles." Vergil (*Aen.* 1,8) bittet die Muse, ihm die Ursachen von Junos Zorn zu offenbaren, die fern in der Vorgeschichte liegen; auch hier geht es um die Erweiterung des menschlichen Gedächtnisses und Bewußtseins. Ovid hat sich ein Thema gestellt, daß die ganze Weltgeschichte umfaßt *(primaque ab origine mundi / ad mea ... tempora)*. So ist es begreiflich, daß er Götter um Beistand bittet, die (wie die homerischen Musen) ‚dabei' waren, allerdings nicht nur als Zeugen (wie die Musen), sondern als Handelnde, als Urheber der Verwandlungen. Die Götter leben hier nicht nur kontemplativ (wie es sich die Epikureer vorstellen), sondern sie greifen aktiv ins irdische Geschehen ein. Auch in den Verwandlungsgeschichten selbst wird Ovid die wirksame Macht der Götter betonen — wie es der mythischen Weltschau entspricht (wir werden später sehen, daß er auch andere Weltdeutungen kennt). Solcher Sinn für Macht entspricht römischem Daseinsgefühl und römischer Religiosität — aber Ovid kann gelegentlich auch den Mißbrauch der Macht andeuten. Die Verbindung von Anrufung und Begründung (mit *nam* oder *namque*) ist bei Homer vorgegeben, doch wird die generelle homerische Begründung „Denn ihr seid gegenwärtig und wißt alles" überboten durch einen spezifischen Sachbezug: „Denn ihr seid ja auch die Urheber jener Verwandlungen." *Vos* ist Nominativ, kein Akkusativ, *et* gehört nicht zu *illas*, sondern zu *mutastis:* Ihr habt ja auch die Verwandlungen bewirkt; daher sollt ihr mir jetzt helfen. Ähnlich lehnt es Ovid am Anfang der ‚Liebeskunst' ab, sich auf die Götter der Poesie (Phoebus und die Musen) zu berufen; statt dessen bittet er die Göttin des ‚Sachgebietes' (Venus) um ihren Beistand. Hier bedient sich Ovid einer traditionellen Form, füllt sie aber mit einem individuellen Inhalt und verleiht ihr damit neue Aussagekraft (im Gegensatz zum Anfang, wo Ovid durch eine individuelle Form Neues schafft). Ovid ruft also keine poetischen Gottheiten zu Hilfe, sondern Götter, die für das behandelte Sachgebiet gewissermaßen ‚zuständig' sind[16]. In dieser Beziehung läßt sich seine Haltung mit derjenigen Vergils in den ‚Georgica' und Ovids am Anfang der ‚Ars amatoria' vergleichen. Die kosmischen Verwandlungen sind Sache der Götter insgesamt. Die Anrufung setzt also eine doppelte Macht der Götter voraus: eigenes Schaffen — Umgestalten — und Inspiration menschlichen Schaffens. *Adspirare* erscheint bei Anrufungen — es paßt zur Vorstellung des Singens („atmet dazu" — „gebt mir größeren Atem"); die Vorstellung der Schiffahrt liegt hier nicht ausdrücklich vor („gebt mir günstigen Fahrwind"), in Verbindung mit *deducite* („führt ans Ziel") liegt sie freilich nahe (Dichten als Seefahrt: die Vorstellung begegnet uns häufig in der ‚Liebeskunst'). Das Lied als Weg (οἶμος — οἰμή) ist eine uralte Vorstellung. Ovid gibt also hier im Proömium eine doppelte Motivation: den individuellen Ausdruck *(fert animus)*, der den hohen Rang des *ingenium* ahnen läßt, und die übernatürliche Inspiration. Ovid ist der Dichter, der sich am deutlichsten auf sein *ingenium* beruft; er tut dies meist in den Formen der traditionellen Inspirationsvorstellung[17].

Welcher Literaturgattung rechnet Ovid sein Werk zu? Sekundär glauben manche, in *deducite* das *deductum carmen,* das „feingesponnene" Lied mitzuhören, von dem Vergil in den ‚Eklogen' spricht. Dann wäre der Gegensatz zu *carmen perpetuum* (ἓν ἄεισμα διηνεκές, von dem hellenistischen Dichter Kallimachos

---

16 Im 15. Buch wird Ovid die Musen anrufen, bevor er Aesculaps Ankunft in Rom besingt. Dort heißen die Musen *praesentia numina vatum.* Sie sind hilfreich gegenwärtige Gottheiten.

17 O. Falter: Der Dichter und sein Gott bei den Griechen und Römern, Würzburg 1934; vgl. Platon, *Ion* 533 d—534 b, *Phdr.* 245 a.

im Prolog der ‚Αἴτια‘ — ‚Ursprungsgeschichten‘ — abgelehnt) beabsichtigt. Ovid will ein Großepos schreiben (also ein ‚großes Buch‘, wie Kallimachos es verabscheut, aber in „feingesponnenem" Stil. Ich glaube kaum, daß wir *deducite* so pressen dürfen. Es sind ja nicht die Götter, die das Gedicht „fein spinnen"; das Formale wäre Sache des Dichters. Sehr wohl aber entspricht es der Rolle der Götter, die Reise des Dichters durch die Weltgeschichte sicher ans Ziel zu führen.

Ovid kündigt also eine fortlaufende poetische Erzählung an *(perpetuum carmen)*. Das heißt natürlich nicht, daß die ‚Metamorphosen‘ in jeder Beziehung der Vorstellung entsprechen, die wir aus Homer und Vergil vom Epos haben. Ovid wird uns immer wieder überraschen. Aber den Rahmen hat er sich im Proömium gesteckt.

Ein fortlaufendes Gedicht über die Weltgeschichte konkurriert auch mit hellenistischen Universalgeschichten. Dort finden wir die Reihenfolge, die den Aufbau der ‚Metamorphosen‘ bestimmt: ‚naturwissenschaftlich‘ beschriebene Weltschöpfung — mythische Zeit — historische Zeit. Man könnte sagen: Wie Lukrez hellenistische Physik in anspruchsvoller hexametrischer Form behandelt, so poetisiert Ovid eine hellenistische Vision der Weltgeschichte. Aus der lang verkannten Tatsache, daß es sich um ein *carmen perpetuum* handelt, ergeben sich Folgerungen für die Ovidlektüre (s. unsere Einleitung). Vergleichstext zum Proömium: Epilog der ‚Metamorphosen‘ und Kallimachos (geboren kurz vor 300 v. Chr.), Aitienprolog (in: Die Dichtungen des Kallimachos. Griechisch und deutsch. Übertragen, eingeleitet und erklärt von E. Howald und E. Staiger, Zürich 1955).

## Literatur

M. v. Albrecht: Zum Metamorphosenprooem Ovids, in: Rheinisches Museum 104, 1961, 269—278 (zum Stilwert von *fert animus* und *dicere;* Hinweise auf Homer. In bezug auf *et* s. jedoch jetzt Haupt / Ehwald / von Albrecht zur Stelle).

R. Clade: Menschlicher Wille und göttliche Ordnung. Eine Lektüreeinheit aus Ovids ‚Metamorphosen‘, in: Der altsprachliche Unterricht 22,3, 1979, S. 39—56.

C.D. Gilbert: Ovid, met. 1,4, in: Classical Quarterly 70 (n.s. 26), 1976, S. 111—112.

E.J. Kenney: Ovidius prooemians, in: Proceedings of the Cambridge Philological Society 22, 1976, S. 46—53.

E. Mensching: Carmen perpetuum novum?, in: Mnemosyne s. 4,22, 1969, S. 165—169.

E. Zinn: Die Dichter des alten Rom und die Anfänge des Weltgedichts, in: Antike und Abendland 5, 1956, S. 9—26.

# Text 2: Die Weltschöpfung (1,5—88)

## Übersicht

Die vier Elemente sind ein durchgehendes Ordnungsschema in den Abschnitten B—D. In dem Abschnitt E kommen nur Himmelssamen (Feuer), Wasser und Erde vor. Die Luft (Beseelung des Menschen) fehlt. Ovid kehrt hier zu der Dreiheit *caelum, mare, terra* zurück (Vers 5).

Ovid geht aus von der Dreiteilung „Himmel, Land und Meer" (*mare, terras, caelum*). Sie entspricht dem Augenschein und liegt auch dem mythischen Weltbild zugrunde. An dieses ist hier in der Schöpfungsgeschichte aber noch nicht zu denken (vgl. den Anfang des zweiten Buches). Ovid will eine Kosmogonie ‚wissenschaftlich' darstellen. Die Dreiheit spielt auch bei Lukrez, dem unmythologischen Natur- und Weltdichter, eine Rolle; sie entfaltet die Welt in ihren wichtigsten Daseinsbereichen. Im Gegensatz dazu steht *unus vultus*. Undifferenzierte Einheitlichkeit ist gleichbedeutend mit Chaos. Es ist unbearbeitet *(rudis),* gewissermaßen nur Rohmaterial und nicht klar aufgegliedert *(indigesta),* groß, schwer *(moles, nec quicquam nisi pondus iners)* und eine Anhäufung heterogener Elemente (*non bene iunctarum discordia semina rerum: semina rerum* ist die Bezeichnung für die Atome bei Lukrez).

Es folgt eine Reihe von Negationen: Eine Aufzählung der noch nicht vorhandenen Himmelskörper verdeutlicht, daß jede Differenzierung noch fehlt: Kein Titan (Sonnengott), keine Phoebe (Mondgöttin), keine Erde, die sich durch ihre eigene Schwere im Gleichgewicht hält, von Luft und Wasser umgeben (für das Wasser steht ein mythologisches Bild, die Meeresgöttin Amphitrite, die den Rand der Erde umarmt — ähnlich wie bei Lukrez der Aether die Welt umfängt, 5,470).

Der Zustand vor der Schöpfung wird übrigens in allen Literaturen gerne durch gehäufte Negationen und Paradoxa dargestellt (was in der Natur der Sache liegt, vgl. Ṛgveda 10, 129: „Damals war nicht das Nichtsein noch das Sein" usw. (Textausgabe 2 B 1). Ovid kennt Lukrez (5,432—435): Die wesentlichen Bestandteile der Welt sind noch nicht geschieden. Ohne Sonne gibt es kein Licht, ohne Mondphasen noch keine geordnete Zeit.

Wieder erscheint die bei Lukrez oft erwähnte Dreiheit: *tellus, pontus, aër.* Diese waren alle noch nicht voneinander gesondert, hatten also nicht die spezifischen Eigenschaften, die ihnen heute zukommen: sie waren *instabilis, innabilis, lucis egens.* — Kein Ding hatte eine eigene, beständige Gestalt: *nulli sua forma manebat.* Alles war fließend. *Sua forma* ist die eigene, d. h. die richtige Form (vgl. *suus ventus,* „günstiger Wind", *suos deos habere,* „gnädige Götter haben"). Ein weiterer Aspekt ist der Widerstreit der Elemente und Eigenschaften: *obstabatque aliis aliud,* und zwar *corpore in uno* (in einer Zusammenstellung, die noch kein gegliedertes Ganzes war: *corpus* ist eigentlich das gegliederte Ganze; Ovid unterstreicht hier die Paradoxie). Gegensätze prallen aufeinander, die Wortstellung macht es sinnfällig: *frigida.../calidis; umentia/ siccis; mollia/cum duris; sine pondere/habentia pondus (sine pondere* ist Ersatz für das griechische Adjektiv ἀβαρής).

Die Aufgliederung macht den Zustand anschaulich. Die Eigenschaften sind in der antiken Physik den Elementen folgendermaßen zugeordnet:

|  |  | *leicht* |  |  |
|---|---|---|---|---|
|  | Feuer |  | Luft |  |
| *trocken* |  |  |  | *feucht* |
|  | Erde |  | Wasser |  |
|  |  | *schwer* |  |  |

Ovid spricht trotz gelegentlicher Verwendung mythischer Namen (die metonymisch für Physikalisches stehen) in diesem Abschnitt nicht die Sprache der Mythologie, sondern diejenige der Naturphilosophie. Die vier Elemente und die ihnen entsprechenden Eigenschaften spiegeln die Welterklärung der damaligen Naturwissenschaft (Textausgabe 2 B 5). In der Schilderung des Chaos ist zuerst von *mare, terras, caelum (= aether,* Feuer; 5) die Rede; dann von *tellus, pontus, aër* (15). Die vier Elemente sind also vorausgesetzt, aber die Systematik wird in der Darstellung des Chaos absichtlich verschleiert. Im Zusammenhang mit der Kugelgestalt der Erde werden wir darauf zurückkommen.

Das Eingreifen des Gottes ist zunächst ein Trennen der kämpfenden Parteien (*litem dirimere,* 21), ein Abschneiden (*abscidit,* 22), ein Absondern (*secrevit,* 23). Wieder stellt Ovid die kontrastierenden Worte ausdrucksvoll nebeneinander: *et liquidum spisso secrevit abaere caelum* (23); *nam caelo terras et terris abscidit undas* (22). Die Sätze, in denen sich die einzelnen Handlungsphasen spiegeln, sind durch wiederaufgenommene Wörter miteinander verkettet.

Schon allein die Tatsache, daß ein *Gott* die Scheidung der Elemente vollzieht, beweist, daß Ovid hier keiner epikureischen Quelle folgt; hielten doch die Epikureer göttliches Eingreifen nicht für möglich. In diesem wesentlichen Punkt entfernt sich Ovid von der sonst vergleichbaren Kosmogonie bei Lukrez (5,416—508). Entscheidend sind bei Lukrez die Verse 5,437—439; 446—448:

437　*Diffugere inde loci partes coepere, paresque*
　　*cum paribus iungi res et discludere mundum*
　　*membraque dividere et magnas disponere partes.*
446　*Hoc est, a terris altum secernere caelum*
　　*et sorsum mare uti secreto umore pateret,*
　　*seorsus item puri secretique aetheris ignes.*

Auch im folgenden schreibt Ovid vieles der Aktivität des Schöpfers zu (33, 35, 36, 37, 38, 39, 42, 47). An der letztgenannten Stelle ist ausdrücklich von *cura dei* (48) die Rede, der Vor- und Fürsorge des Gottes für die Welt, einer Vorstellung, die bei Lukrez keinen Raum hat. Hier tritt der römische Begriff *cura* passend für die stoische πρόνοια („Vorsehung") ein.

Freilich hat das Walten der Gottheit auch bei Ovid einen physikalischen Aspekt: In Vers 26 ff. gruppieren sich die Elemente nach ihrem Gewicht: ganz oben der leichte, feurige Äther, darunter Luft, Wasser und Erde. Gemäß der Anschauung der meisten Philosophenschulen und dem Augenschein läßt Ovid das Feuer in die Höhe streben (26 f.), während Lukrez, entsprechend der epikureischen Theorie, die nur eine Abwärtsbewegung von Atomen kennt (Lukr. 2,184 ff.), umgekehrt mit dem schwersten Element, d. h. der Erde, beginnt; die Aufwärtsbewegung der anderen Elemente ist bei ihm nicht spontan, sondern entsteht sekundär durch den Druck der sich zusammendrängenden Erdatome (Lukr. 5,449).

Bei Lukrez fehlt auch an dieser Stelle der ausdrückliche Hinweis auf *concordia* und *pax,* die durch räumliche Trennung entstehen (Ovid, *met.* 1,25). Dahinter steht letztlich der heraklitische Gedanke der παλίντονος ἁρμονία, der spannungsreichen Harmonie (z. B. eines Bogens oder einer Lyra). Auf Heraklit beriefen sich die Stoiker, während die Epikureer ihn ablehnten (z. B. Lukrez 1,638—711).

Die Kugelgestalt der Erde (Ovid, *met.* 1,35) belegt eindeutig, daß Ovid in diesem Abschnitt (anders als sonst in den ‚Metamorphosen') nicht in mythischen Kategorien denkt. Zugrunde liegt hier das ‚geozentrische' Weltbild der antiken Naturwissenschaft, wie es seit Platons ‚Timaios' in den Grundzügen festliegt: Die Erde schwebt als Kugel in der Mitte des Alls. Mond, Sonne und Planeten umkreisen sie auf verschiedenen Bahnen. Die äußere Schale des Kosmos bildet der Fixsternhimmel. Wählt man (wie in unserem heliozentrischen System) nicht die Erde, sondern die Sonne als Fixpunkt, so lassen sich die Bahnen der einzelnen Planeten als einfache kreisähnliche Ellipsen beschreiben, während sich bei dem antiken System die Bahn jedes Planeten aus zwei Kreisbewegungen zusammensetzt, die sich überlagern, nämlich seiner eigenen und einer Projektion derjenigen der Erde. Das antike naturwissenschaftliche Weltbild (das nach einem Gelehrten des zweiten Jahrhunderts n. Chr. das ‚ptolemäische' heißt), ist also nicht weniger ‚wissenschaftlich' als das moderne, es unterscheidet sich von ihm vor allem durch den gewählten Standpunkt.

Anders als Ovid erwähnt Lukrez nicht die Kugelgestalt der Erde (möglicherweise stellt sich Lukrez in seiner Kosmogonie die Erde als eine Säulentrommel vor[18]). Der Epikureismus ist gegenüber der Wissenschaft seiner Zeit rückständig.

Zwischen Ovids Erwähnung der Kugelgestalt der Erde (35) und der Einteilung in Klimazonen (45—48) steht eine lebhafte Schilderung der landschaftlichen Gestaltung der Erde. Hier ist alles in Bewegung umgesetzt. Diesen Eindruck erweckt Ovid auf zwei Wegen. Einmal beginnt er mit den Gewässern, für die ein Stillstand unnatürlich wäre: das stürmische Meer (vgl. *diffudit*, 36, *tumescere ambitae*, 36 f.), die Flüsse (*sorbentur*, 40, *perveniunt*, 41, *pulsant*, 42). Die Vorstellung der Bewegung wird sodann auf feste Gegenstände übertragen: *extendi campos, subsidere valles, lapidosos surgere montes* (43 f.). Aus dieser Übertragung gewinnt das Bild seine Großartigkeit. (Eine ‚natürliche‘ Bewegung ist auch in diesen Passus eingestreut: Der Wald belaubt sich.) Das zweite Mittel, der Darstellung Bewegtheit zu verleihen, ist die Betonung der Aktivität des Schöpfers (vgl. die zahlreichen aktiven Verba in unserem Abschnitt[19]). Ovid scheint den Weltschöpfer zu beobachten, als wäre dieser ein spielendes Kind.

Auf die physikalische Lehre von den fünf Zonen (des Himmels und der Erde) folgt wieder eine bewegtere Schilderung: die der Luftregion. Nach einer naturwissenschaftlich exakten Einordnung dieses Elements unter die andern (52 f.) stellt uns Ovid in eindrucksvoller Orchestrierung die atmosphärischen Erscheinungen bis hin zu den Winden vor Augen. Wie schon bei der Scheidung der Elemente nimmt der Schöpfer hier eine räumliche Trennung vor: Jeder der vier Winde erhält seinen eigenen ‚Amtsbereich‘ (*his quoque non passim mundi fabricator habendum / aëra permisit*, 57 f.), und trotzdem besteht immer noch die Gefahr, die feindlichen Brüder könnten die Welt zerstören. Eine verwandte Polarität bestimmt auch die Gliederung der Welt in fünf Zonen: Die Sonderung von Polareis und tropischer Hitze ermöglicht die Entstehung zweier jeweils dazwischenliegender gemäßigter Zonen (50 f.).

Der von Ovid in Vers 25 eingeführte Gedanke ‚Harmonie durch räumliche Trennung‘[20] (*dissociata locis concordi pace ligavit*) durchdringt also die gesamte Schöpfungsgeschichte. Viel stärker als Lukrez betont Ovid *concordia* und *pax*. Während bei Lukrez die Welt das (im übrigen unvollkommene) Ergebnis von Zufällen und unendlichem Herumprobieren der Natur ist, stellt Ovid sie als zweckmäßige Schöpfung dar.

Nur kurz erwähnt Ovid den Äther[21], dessen Leichtigkeit und Klarheit im denkbar schärfsten Gegensatz zur Erdenschwere steht. Abschließend wird die ordnende Tätigkeit des Gottes noch einmal zusammengefaßt: *limitibus*

---

18 Vgl. den Lukrezkommentar von A. Ernout/L. Robin, Paris ²1962, zu Vers 534—536.
19 Man sammle die Verben, die sich auf das Wirken des Schöpfers beziehen! Welchen Bereichen gehören sie an? Trennen, schneiden (21, 22, 23, 33); abzäunen (69); entfalten, herausnehmen (24); unterscheiden (47); binden (25); ballen (35); ordnen (32) und machen (78); gliedern (33); ausgießen (36); befehlen (37, 43, 55); nicht erlauben (58); hinzufügen (38); umgürten (39); darauflegen (67). Die Verben bezeichnen im wesentlichen Trennung und dadurch hervorgerufene Harmonie.
20 Es ist das Gegenbild zum Chaos (Vers 9).
21 Auch das Meer kommt nur kurz und in Verbindung mit der Erde zur Sprache.

*dissaepserat omnia certis* (69). Das Adjektiv *certus* ist der Maßbegriff, der auch bei Lukrez eine Rolle spielt (*ipse /* scil. *aether/suos ignis certo fert impete labens,* Lukr. 5,505; *mare certo quod fluit aestu,* 507). Daß Ovid hier Lukrez vor Augen hat, sieht man übrigens auch an der Übernahme eines so charakteristischen Wortes wie *faex* („Bodensatz, Hefe', Lukr. 5,497; Ov., *met.* 1,68). An dieser Stelle verabschiedet sich unser Dichter gewissermaßen noch einmal von Lukrez.

Nachdem Ovid die Aktivität des Schöpfers so sehr betont hat, schiebt er zur Abwechslung ein spontan eintretendes Ereignis ein: Die Sterne leuchten am Himmel auf, weil sie das unförmige Chaos nicht mehr verdeckt. Dies ist gewissermaßen ein Nebeneffekt der ordnenden Tätigkeit des Schöpfers.

Der folgende Abschnitt über die Lebewesen trägt teleologischen Charakter. Schon der einleitende Finalsatz (Sätze dieses Typus verwendet Ovid gerne zur Überleitung, vgl. z. B. 1,151) deutet dies an: *neu regio foret ulla suis animalibus orba* (72). Jedes Element erhält die zu ihm passenden Lebewesen[22]: der Himmel die Gestirne und die Götter, das Wasser die Fische, die Erde die Tiere und die Luft die Vögel. Ovid ist hier systematischer als Lukrez (der z. B. die Fische mit Stillschweigen übergeht und den Gedanken an Astralgötter bekämpft).

Als Krone der Schöpfung erscheint schließlich der Mensch: *sanctius his animal mentisque capacius altae* (76). Auch dieses Wesen entsteht nicht zufällig, sondern füllt eine Lücke aus (*deerat adhuc,* 77), tritt an den hierfür vorgesehenen Platz. Die höhere Würde des Menschen im Vergleich mit den Bewohnern von Luft, Wasser und Erde leuchtet unmittelbar ein[23].

Mag nun der Mensch vom Schöpfer oder von Prometheus geschaffen sein; er ist auf jeden Fall das Werk eines höheren Wesens. Hier stellt sich Ovid gegen Lukrez, der den natürlichen Ursprung des Menschen vertritt (Lukr. 5,783—820). Dennoch läßt Lukrez in Übereinstimmung mit der bei Ovid vorliegenden andersartigen Tradition die Erde vom Himmel befruchtet sein (Lukr. 2,991—997; vgl. 1,250 f.; 2,1066; dazu vgl. 5,470).

Nicht bei Lukrez belegt ist auch der Gedanke, der Mensch sei von Prometheus nach dem Bilde der Götter geschaffen. Für den Epikureer sind die Mensche von selbst entstanden, und zwar infolge einer Reihe von Zufällen und nach vielen vergeblichen Versuchen der Natur. Das Vorhandensein eines Musters für die Schöpfung scheidet bei Lukrez also von vornherein aus, da er ja auch nicht mit einem Schöpfer rechnet. Bei der Diskussion des Problems,

---

22 Vgl. z. B. Plat. *Tim.* 39 e.

23 An dieser Stelle muß die Interpunktion in einer weitverbreiteten Ausgabe berichtigt werden: Breitenbach setzt hinter Vers 81 einen Punkt. Dadurch entsteht eine von Ovid nicht intendierte Gegenüberstellung eines übernatürlichen Ursprungs des Menschen (von der Hand des Schöpfers) und eines natürlichen (aus der Erde). Die Fortsetzung zeigt jedoch, daß dies nicht gemeint sein kann: Diese Erde wird von Prometheus geformt. Es geht also nicht um die Antithese zwischen übernatürlichem und natürlichem Ursprung, sondern zwischen zwei Versionen der erstgenannten Möglichkeit. Absurd ist die Verknüpfung durch „denn" in Breitenbachs Übersetzung (Vers 82). Sehr glücklich unterstreicht hingegen Rösch in seiner Übersetzung die enge Verbindung zum Vorhergehenden.

wieso die Götter als Weltschöpfer nicht in Frage kommen, bringt Lukrez übrigens auch das uns in diesem Zusammenhang befremdende Argument, sie hätten auch gar kein Vorbild vor Augen gehabt. Daran, daß sie selbst als Vorlage dienen könnten, denkt Lukrez an jener Stelle (5,181) im Unterschied zur biblischen Genesis und zu Ovid nicht. Ovids Prometheus[24] mischt die Erde mit Regenwasser; die Befruchtung durch den Himmel, die vorher stattfand, ist für Ovid also keineswegs mit dem Regen identisch. Die Erde enthält vielmehr (so nimmt Ovid nach stoischer Lehre an) Samen des himmlischen Feuers, d. h. des Logos.

Ovid schränkt die Gottebenbildlichkeit nicht auf das (runde!) Haupt ein, wie Platon dies in rationalistischer Auslegung alter mythischer Vorstellungen tut. Der Dichter überläßt dem Leser die Auslegung (Der erste Mensch als Abbild des Kosmos? Der Mensch als Abbild eines anthropomorph gedachten Gottes? Mann und Frau als Abbild göttlicher Bisexualität? — vgl. die Kugelmenschen in Platons ‚Symposion‘). Ovid kommt es, echt römisch, in erster Linie auf die Machtverhältnisse an: Gesucht ist ein Wesen, das die übrigen beherrschen kann (*quod dominari in cetera posset*, 77); dieses Wesen wird gebildet *in effigiem moderantum cuncta deorum* (83). Es geht also darum, daß Menschen und Götter analoge Funktionen haben. Die Vorzugsstellung des Menschen wirkt sich aber auch äußerlich aus, und zwar in *os sublime* und *caelum videre* (85), also nicht in der Form des Kopfes, sondern in seiner Haltung, und nicht im Haupt insgesamt, sondern im Antlitz, insbesondere in dem Blick, der den Himmel zu sehen vermag. *Timaios* 90 a verdeutlicht Platon das Verwurzeltsein des Menschen im All durch den altehrwürdigen Vergleich mit einer Pflanze, deren Wurzel nach oben gekehrt ist[25]. In diesem mythischen Bild erscheint der Mensch schlechthin vom Himmel abhängig. Ovid hingegen betont, daß der Mensch den Blick zum Himmel erheben kann, sieht also den Menschen in einer freien und stolzen Gegenposition. Man spürt in den Versen nicht nur hellenistische philosophisch-religiöse Tradition, sondern vielleicht auch die Erinnerung an eine der großartigsten Stellen der römischen Poesie, Lukrezens Lobgesang auf Epikur, der als erster wagte, dem himmlischen Schreckbild der *religio* Trotz zu bieten (*primum Graius homo mortalis tollere contra/est oculos ausus*, Lukr. 1,66 f.).

Unsere Ovidstelle ist ein Haupttext für den Gedanken der Menschenwürde, ebenso frei von spezifisch religiösen wie von antireligiösen Untertönen. Philosophenschulen und Mysterienreligionen haben sich die Vorstellung von der aufrechten Haltung als menschlichem Spezifikum vielfach zu eigen gemacht.

---

24 In Platons ‚*Timaios*‘ (69c) wird der menschliche Leib nicht direkt vom Schöpfer, sondern von untergeordneten Wesen geschaffen. Diese ahmen die Tätigkeit des Schöpfers nach. Von einer unmittelbaren Gottebenbildlichkeit des Menschen ist hier nicht ausdrücklich die Rede; mittelbar ergibt sie sich indessen aus Platons Bezeichnung der Welt als ἄγαλμα (Götterbild) und andererseits des Kopfes als Sitz des Göttlichen in der Seele (69e; Kernstelle, die auch auf die runde Form des Kopfes Bezug nimmt, ist 44d) und des Kosmos als εἰκὼν τοῦ νοητοῦ, θεὸς αἰσθητός (92 c). Zur Göttlichkeit der Kugelform vgl. 34 b und 40a.

25 Vgl. auch *Katha Upaniṣad* 6,1.

Zum Beispiel bedeutet bei den frühen Christen die Taufe auch insofern einen Prozeß von Ein- und Auftauchen, Untergang und Auferstehung, als der Mensch durch sie erst in vollem Sinne in die Vertikale kommt, also recht eigentlich zum Menschen wird[26].

Der Schlußsatz (87 f.) bietet eine Zusammenfassung, die einen einheitlichen Bogen vom Chaos bis zum Menschen spannt; der Text im einzelnen ist schwierig: *tellus* bezeichnet die Erde als Gestirn, nicht als Boden. Zuvor war sie *rudis et sine imagine;* man denkt an das Chaos *(rudis indigestaque moles).* Worauf sich *imago* bezieht, bleibt offen. Am ehesten ist an ,Formlosigkeit' zu denken; ,Gestalt' wird hier durch die menschliche Gestalt (die Gestalt schlechthin) repräsentiert. Der Weg vom Chaos bis zum Menschen ist die erste Metamorphose. Sie vollzieht sich im ,natürlichen' Bereich (wie auch das hier zugrundegelegte Weltbild naturwissenschaftlich ist) und fällt dadurch aus dem Rahmen der sonstigen Metamorphosen, die ,mythisch' sind; aber sie ist für das Verständnis des Werkes eine der wichtigsten. Ohne Zweifel ist sie nicht weniger wunderbar als die mythischen, die auf sie folgen sollen. Weitere ,natürliche' Metamorphosen finden sich in der Pythagorasrede.

Die Tatsache, daß am Anfang und gegen Ende des Werkes (Pythagosrede) das Weltbild der antiken Naturwissenschaft zur Sprache kommt (vier Elemente, Kugelgestalt der Erde, Urzeugung von Wesen aus dem Schlamm (*met.* 1,416 ff.), natürliche Metamorphosen: z. B. des Menschen oder des Schmetterlings), beruht nicht auf Willkür oder Zufall. M. Terentius Varro (gest.27 v. Chr.), der große römische Gelehrte der cäsarischen Zeit, unterschied (bei Aug. *civ.* 6,5) zwischen *theologia rationalis (naturalis),* d. h. der Weltanschauung der Naturwissenschaft mit ihrem abstrakten Eingottglauben (Monotheismus, vgl. Ovid, *met.* 1,21), *theologia fabulosa,* d. h. den Mythen, dem wesentlichen Element der Poesie, insbesondere der Tragödie, und *theologia civilis,* der Staatsreligion. — Die ,Metamorphosen' spielen hauptsächlich im mythischen Bereich, aber im ersten und im letzten Buch sind auch Naturwissenschaft (s. o.) und Politik von Bedeutung (Jupiter — Augustus 1,200—205, vgl. 176; 15,858 ff.; Phoebus, Daphne, römischer Triumph, Augustus 1,560—565).

Das gleiche Akzeptieren mehrerer ,Weltanschauungen' macht dem antiken Menschen weniger Mühe als dem modernen. Der Römer, der von den Griechen fast zum selben Zeitpunkt den ,altertümlichen' Mythos und die ,moderne' Philosophie übernahm, stellt beides unvermittelt nebeneinander. Ennius fühlt sich als wiedergeborener Homer, schreibt mythische Tragödien und übersetzt den Euhemeros, der aufklärerisch Götter zu Menschen degradiert. Ein Weltgedicht kann (wie eine Weltgeschichte, vgl. oben am Ende der Interpretation des Proömiums) auf eine (naturwissenschaftliche) Kosmogonie Mythen und darauf Historisches und Politisches folgen lassen. — Übrigens stehen die Teile nicht ganz unverbunden nebeneinander. Die meisten Verwandlungssagen sind ,aitiologisch', sie erklären durch eine Erzählung die Entstehung natürlicher Phänomene wie Tiere, Pflanzen, Steine. Die Natur ist also auch in

---

26 S. hierüber A. Wlosok: Laktanz und die philosophische Gnosis. Untersuchungen zu Geschichte und Terminologie der gnostischen Erlösungsvorstellung, Heidelberg 1960.

den ‚mythischen' Teilen gegenwärtig, nur nicht als Ausgangspunkt, sondern als Ziel. In der naturwissenschaftlichen Kosmogonie entstehen die Tiere *vor* dem Menschen; er ist der Zielpunkt einer Entwicklung. In den aitiologischen Mythen entstehen meist Tiere aus Menschen; der Mensch ist der Ausgangspunkt der Betrachtung. Die Naturwissenschaft rechnet mit einer Entwicklung ‚von unten nach oben', die Mythologie umgekehrt mit einer Entwicklung von oben nach unten; vgl. den Mythos von den vier Weltaltern mit dem Dekadenzschema (und im Unterschied dazu die wissenschaftliche Kulturentstehungslehre bei Lukrez mit dem Prinzip des Fortschritts). Die erste Metamorphose, die Entstehung des Kosmos, gipfelt im Menschen. Dies ist einem Weltgedicht angemessen, dessen Ausgangspunkt und Maßstab auf weite Strecken hin der Mensch sein wird[27].

## Literatur

M. v. Albrecht: Metamorphose in Raum und Zeit. Vergleichende Untersuchungen zu Rodin und Ovid, in: Teilnahme und Spiegelung. Festschrift für Horst Rüdiger, Berlin und New York 1975, S. 55—86.

M. Baltes: Die Weltentstehung des platonischen Timaios nach den antiken Interpreten, 2 Bde., Leiden 1976 und 1979.

A. M. Betten: Naturbilder in Ovids Metamorphosen, Diss. Erlangen—Nürnberg 1968 (bes. S. 8—19).

H. Dörrie: Wandlung und Dauer. Ovids Metamorphosen und Poseidonios' Lehre von der Substanz, in: Der altsprachliche Unterricht 4,2, 1959, S. 95—116.

H. Haege: Terminologie und Typologie des Verwandlungsvorgangs in den Metamorphosen Ovids, Göppingen 1976.

F. Lämmli: Vom Chaos zum Kosmos, Basel 1962.

G. Maurach: Ovids Kosmogonie: Quellenbenutzung und Traditionsstiftung, in: Gymnasium 86, 1979, S. 131—148 (mit weiteren Literaturhinweisen S. 131, Anm. 1).

T. M. Robinson: Ovid and the Timaeus, in: Athenaeum 46, 1968, S. 254—260.

H. Schwabl: Weltschöpfung, in: Pauly-Wissowas Realencyclopädie, Suppl. 9, 1962, Sp. 1433—1582.

W. Spoerri: Späthellenistische Berichte über Welt, Kultur und Götter. Untersuchungen zu Diodor von Sizilien, Basel 1959, bes. S. 34 ff., 38 ff. und 91 ff.

S. Viarre: L'image et le symbole dans la poésie d'Ovide. Recherches sur l'imaginaire, in: Revue des Etudes Latines 52, 1974, S. 263—280.

---

27 Die Entwicklung der Tiere aus den Menschen entsprechend dem Verhalten der Menschen läßt erkennen, daß dieses menschliche Verhalten die Geschichte des Kosmos wesentlich mitbestimmt.

# Text 3:  Phaëthon (1,747−2,400 in Auswahl)

Liebesgeschichten von Göttern und irdischen Frauen oder Nymphen umgeben die Erzählung von Phaëthon, die im Zentrum eines größeren Komplexes steht (1,452−2,875). Der Mythos gehört insofern in diesen Rahmen, als Phaëthons Mutter Clymene die Geliebte des Sonnengottes war. Anknüpfend an die vorausgehende Io-Sage inszeniert Ovid einen Streit zwischen dem Sohn der Io, Epaphus, und dem gleichaltrigen Phaëthon, dessen göttliche Abkunft Epaphus anzweifelt. Der Konflikt der Söhne bereitet den späteren Zusammenstoß von Jupiter und Sol vor, dieser beiden für Buch 1 und 2 zentralen Götter. Clymene schwört, daß der Sonnengott Phaëthons Vater ist und schickt den Knaben nach Osten zur Sonnenburg. Die Vorgeschichte steht im Zeichen der Affekte. Die Mutter ist nicht nur durch Phaëthons Bitten gerührt, sondern auch von Zorn erfüllt (765). Phaëthon prahlt (751) und ist stolz (752). Auf den Zweifel des Epaphus reagiert er mit Zorn und Scham (755; vgl. 758). Das Verhältnis dieser Affekte ist besonders fein gezeichnet. Er will Epaphus nicht nachstehen (*nec...cedentem*, vgl. *non cedere* in der Niobegeschichte, 6,151, und in der Arachneerzählung, 6,632; *superbus* 752), in den Augen des Kameraden ist er *demens* und *tumidus* (753 f.); sich selbst nennt Phaëthon mit starker Selbstironie *liber* und *ferox* (757 f.); nachdem er die Auskunft erhalten hat, ist er *laetus* (776) und *impiger* (779). Stolz, Streben nach Hohem (*meque adsere caelo*, 761, und *concipit aethera mente*, 777) und der unbedingte Wille, seine Herkunft zu erfahren (760 ff.), sind Hauptzüge von Phaëthons Charakter, die sein Schicksal bestimmen.

Lebendig charakterisiert Ovid die beiden streitenden Jungen, aber auch die verlassene und etwas verbitterte Mutter. Die psychologischen Beobachtungen werden jedoch nicht um ihrer selbst willen angeführt; sie dienen dazu, das folgende Geschehen zu motivieren. Phaëthon ist nicht der Mann, sich mit Halbheiten zufrieden zu geben. Sein unbedingtes Streben wird durch zahlreiche Adjektive verdeutlicht (s. oben). Clymene, in deren Wesen sich − psychologisch reizvoll − gekränkter Stolz mit mütterlicher Nachgiebigkeit mischt,

---

28 Aufbauübersicht nach G. Dietz, in: G. Dietz/K. Hilbert: Phaëthon und Narziß bei Ovid, Heidelberg 1970, S. 30. Ebendort, S. 29 auch Auswahlvorschläge.

ermöglicht durch ihre unbedachte Aufforderung, Phaëthon möge seinen Vater aufsuchen, die ganze folgende Katastrophe. Mit Vorliebe läßt Ovid aus bestimmten Äußerungen (deren Tragweite der Sprecher nicht ahnt) Tragödien entstehen. Das Thema ‚Eltern und Kinder' wird am Ende der Erzählung von der Vaterseite beleuchtet werden, so daß sich Anfang und Schluß ergänzen.

Die Buchgrenze ist geschickt gesetzt; in sie fällt Phaëthons Wanderung nach Osten. Zu Beginn des zweiten Buches steht der Jüngling schon vor der Sonnenburg, deren prachtvolle Schilderung als Eröffnung dient. Eine Häufung von Metallbezeichnungen (*aurum, pyropus, argentum*, 2 und 4) und Ausdrükken des Glanzes (*clara, micante, flammas, nitidum, radiabant*, 2—4; *fulgentis*, 17) erzeugt die zum Wesen des Sonnengottes passende Atmosphäre. Ovid schildert öfter den Wohnort einer Gestalt so, daß er zum Ausdruck ihres Wesens wird, z. B. das Haus der *Fama* (12,39—63), des Hungerdämons (8,788—800), des Neides (2,760—773) und des Schlafes (11,592—615).

Die Kunstwerke an den Türen sind von dem Feuergott Vulkan geschaffen (5), dessen Element im späteren Verlaufe der Erzählung eine verhängnisvolle Rolle spielen wird. Vorerst erfreut ein künstlerisches Bild der Welt unser Auge: das Meer (6), der Erdkreis (7) und der darübergestülpte Himmel (7) — dieselbe Dreiheit, die am Anfang der — vorwiegend naturwissenschaftlichen — Kosmogonie und bei der Erschaffung des Menschen erwähnt worden ist[29]. Das Weltbild ist hier aber insofern mythisch, als die Sonnenburg im Osten lokalisiert wird und die Sonne mit ihren Rossen einen steilen Anstieg und eine Talfahrt zu überstehen hat.

Auf den Türflügeln ist jeder der drei Daseinsbereiche mit Göttern bevölkert; besonders liebevoll sind die Wassergottheiten ausgemalt. Nur auf der Erde erscheinen neben Flußgöttern, Nymphen und sonstigen ländlichen Gottheiten auch sterbliche Wesen (Menschen und Tiere). Am Ende steht nicht zufällig der Tierkreis, durch den die Sonne ihren Weg nimmt. Die Erde wird ausführlich geschildert, weil die Sonne sie bescheint; das Meer ist als Türschmuck besonders passend gewählt, weil die Sonne darin versinkt. Die Unterwelt fehlt, vielleicht weil in sie kein Sonnenstrahl dringen darf (vgl. v. 46). Das hier entworfene Weltbild hat somit eine Beziehung zu Sol als dem Inhaber der Burg; es deutet zugleich die kosmischen Dimensionen der folgenden Geschichte an, die beinahe zu einer Weltkatastrophe führen wird.

Phaëthon gelangt zwar an dieses Portal, aber es wird nicht gesagt, daß er die Bilder betrachtet. Warum läßt sich Ovid diese Gelegenheit entgehen, seine Ekphrasis mit dem Hauptgeschehen zu verbinden? Phaëthon betritt das Schloß mit großer Hast (*venit et intravit*, 20); er nimmt sich nicht die Zeit, sich durch Betrachtung der Türflügel die kosmischen Dimensionen der Sonnenbahn klarzumachen, wird also ‚ahnungslos' ins Unglück stürzen. Ovid hat bewußt auf eine engere Verbindung verzichtet.

Phaëthons Eile setzt sich auch innerhalb der Burg fort (*protinus*, 21). Darin äußert sich die Unbedingtheit seines Strebens; aber schon sehr bald macht sich die von Phaëthon verdrängte menschliche Unzulänglichkeit bemerkbar.

---

29 Vgl. S. 17.

Er muß in weiter Entfernung von seinem Vater stehenbleiben, da er das Licht nicht erträgt. Hier stockt der Leser zum erstenmal; denn er spürt den Widerspruch zwischen Phaëthons hochfliegenden Wünschen und seiner begrenzten Kraft.

Das Bild des Kosmos (wie es das Portal bereits zeigte) setzt sich innerhalb dieser Szene fort: Phoebus thront in der Mitte und ist von allegorischen Gestalten umgeben: von Tag, Monat, Jahr sowie den Jahrhunderten und den Jahreszeiten. Der Knabe ist eingeschüchtert (31). Dies veranlaßt wiederum Sol, sich besonders gütig zu erweisen und die Strahlenkrone abzulegen (wie Homers Hektor den Helm abnimmt, um sich von seinem Söhnlein zu verabschieden, übrigens ein Abschied auf ewig: *Ilias* 6,472). Großmütig verspricht er, dem Sohn jeden Wunsch zu erfüllen, und bekräftigt dies durch den furchtbaren Eid beim Unterweltsstrom Styx (hier bestätigt sich das von uns beobachtete Auswahlkriterium für die auf dem Eingangstor dargestellten Weltbereiche, denn Sol sagt ausdrücklich: *dis iuranda palus oculis incognita nostris*, 46). Kaum hat er zu Ende gesprochen, bittet Phaëthon darum, einen Tag lang den Sonnenwagen lenken zu dürfen. Die Schüchternheit ist also entweder rasch verflogen oder, wie es zu geschehen pflegt, ins Gegenteil umgeschlagen. Ovid führt hier Phaëthons Rede nicht buchstäblich an, da es ihm auf die Geschwindigkeit der Reaktion ankommt. Die Worte wurden gewissermaßen so schnell gesprochen, daß nichts übrigbleibt, als nur kurz ihren Inhalt zu konstatieren.

Hier noch einige Beobachtungen zur Erzähltechnik: Ovid berichtet Phaëthons rasche Tätigkeiten im historischen Präsens, das bedeutsame Tun seines göttlichen Vaters im historischen Perfekt (hinzu kommt das chronologisch indifferente *ait*); vv. 31–50: Sol: *vidit, ait, deposuit, iussit, paenituit, dixit;* Phaëthon: *refert, rogat* (vgl. auch *consistit,* 22). Das Handeln des Gottes wirkt dadurch gewichtiger. Was die sprachliche Gestaltung der beschreibenden Partien betrifft, so ist am Anfang das Imperfekt alleinherrschend (1–5), ein Plusquamperfekt bezieht sich auf die Herstellung des Portals (6) und bildet den Übergang zur Einzelschilderung, die durchweg im Präsens steht (8–18). Der Hofstaat des Sonnengottes wird wiederum im Imperfekt geschildert (23–30). Das Imperfekt *ferebat* (22) bringt eine Erläuterung (‚Hintergrund‘). Die Tatsache, daß die Eröffnung solch umfangreiche Beschreibungen enthält, läßt eine breit angelegte Erzählung erwarten.

Was die direkten Reden angeht, so ist meist der Sonnengott der Sprecher. Im Grunde gibt schon seine erste, nur aus zwei Versen bestehende Äußerung auf Phaëthons noch unausgesprochene Frage die gewünschte Antwort (*progenies, Phaëthon, haud infitianda parenti,* 34). In seiner einzigen wörtlich angeführten Rede verlangt Phaëthon einen Beweis für die göttliche Vaterschaft. Die Antwort des Gottes und seinen unseligen Eid kennen wir bereits, ebenso Phaëthons unbedachten Wunsch, der nur referiert wird.

Es folgt eine ausführliche Warnrede des Gottes (50–102). Da Phoebus seinen Schwur nicht brechen kann, bleibt ihm nur der Versuch, seinem Sohn abzuraten (*dissuadere,* 53). Sol rührt an das Grundproblem, das bereits anklang, als Phaëthon den Glanz der Sonne nicht ertrug (22) und der Vater den Strahlenkranz abnehmen mußte, um ihn zu umarmen (40 f.): das Problem des Angemessenen (vgl. *conveniant*, 55), des rechten Verhältnisses zwischen Aufgabe und Kräften (*viribus / munera*, 54 f.). Phaëthon ist aber nicht nur zu schwach (54) und zu jung (55), um den Sonnenwagen zu lenken; der Unterschied zwischen ihm und seinem göttlichen Vater ist nicht graduell, sondern prinzipiell: *sors tua mortalis, non est mortale, quod optas* (56). Phaëthon ist nur ein Mensch. Hier wird wiederum spürbar, daß er an den Bildern des Eingangs achtlos vorübergegangen ist. Sol muß ihn erst auf die Ungeheuerlichkeit seines Wunsches aufmerksam machen, der sich nicht nur über die Grenzen zwischen Mensch und Gott hinwegsetzt. Denn selbst von den Göttern vermag keiner außer Phoebus den Sonnenwagen zu lenken — nicht einmal Jupiter würde es sich zutrauen (57—62). Das Motiv wird am Ende der Erzählung wieder aufgenommen werden. Es fehlt Phaëthon an Selbsterkenntnis, an der Erkenntnis dessen, was ihm als Menschen angemessen *(aptum)* ist. Die Aufforderung, die Vers 56 impliziert (‚Erkenne dich selbst‘, d. h. ‚erkenne — im Angesicht der Gottheit —, daß du nur ein Mensch bist‘), ist ein Grundgedanke der delphischen Religion und nimmt sich im Munde des Sol (den man zu Ovids Zeit längst mit Apollon identifizierte) auf den ersten Blick sehr passend aus. Es liegt aber eine besondere Tragik darin, daß der Gott des γνῶϑι σεαυτόν seinen eigenen Sohn nicht zur Selbsterkenntnis zu führen vermag, ebenso wie in der Daphneerzählung der Heilgott Apoll sich von seiner eigenen Liebe nicht heilen kann[30] und am Ende unserer Geschichte der Gott der Weisheit in ohnmächtiger Wut auf seine Pferde einschlägt. Übrigens schwingt in der Einleitung von Sols Mahnrede auch die Ethik der Mittleren Stoa mit: Erkenntnis des rechten Verhältnisses von Aufgabe und Kräften (im Hinblick auf Phaëthons Jugend und Schwäche). So haben die Worte in Vers 54 f. einen individuelleren Klang als das γνῶϑι σεαυτόν der delphischen Religion.

Im folgenden malt der Sonnengott ein abschreckendes Bild von den Schwierigkeiten der Fahrt (63—83). Er verharrt dabei ganz in der mythischen Weltschau: Der Anstieg der Sonnenbahn ist steil, die mittägliche Höhe schwindelerregend, die abendliche Abfahrt halsbrecherisch (63—69). Den ganzen Tag über muß die Sonne außerdem gegen die Drehung des Himmelsgewölbes ankämpfen (70—73). Dagegen wird sich der Knabe nicht durchsetzen können (74 f.). Auch darf er sich im Himmel keine idyllischen Tempel und Wohnungen vorstellen. Der Tierkreis besteht aus bedrohlichen Wesen (76—83). Die feurigen Sonnenrosse lassen sich sogar von Sol nur mit Mühe lenken (84—87). „Nimm deinen Wunsch zurück! Meine Sorge ist der beste Beweis dafür, daß ich dein Vater bin. Wünsche dir lieber etwas anderes" (88—102). Wichtig ist das Stichwort *sapientius* in Vers 102 im Gegensatz zu *nescius* in Vers 58. Insbesondere verweist der Sonnengott wiederholt auf das gefährliche Element des Feuers (*ignifero in axe*, 59: Hier vermag keiner außer Phoebus zu stehen; vgl. auch *ignibus*, 84: der feurige Atem der unbändigen Rosse). Phaëthon läßt sich jedoch nicht von seinem Plan abbringen (*propositum premit*, 103 f.): Die unbeirrte Verfolgung seines Vorhabens ist von Anfang an vorbereitet (vgl. das

---

30 Auch bei Coronis (2,618) und Hyacinthus (10,189) ist Apollon als Arzt erfolglos.

Tempo seines Voranstürmens in Vers 19 ff., vgl. auch *emicat extemplo,* 1,776 und *adit impiger,* 779). Sein Wunsch klingt schon in der Einleitung an: *concipit aethera mente* (1,777). Die Metapher in Vers 104 ist kaum zufällig gewählt: Der Knabe „brennt" darauf, den Wagen zu besteigen (*flagrat,* 104); zweifellos tragische Ironie, denn brennend wird er von ihm hinabstürzen. Zwei Verse später steht wieder ein Hinweis auf das Feuer: Der Wagen ist ein Geschenk Vulkans (106). Wie bei der Schilderung der Türflügel wird ein beträchtlicher Materialluxus entfaltet, um das Wesen der Sonne zu kennzeichnen: Achse, Deichsel und Felge sind aus Gold, die Speichen aus Silber, das Joch ist mit Edelsteinen besetzt (109 f.).

Phaëthon bestaunt diese Pracht; da wird es Morgen. Es handelt sich um eine besonders poetische Schilderung: Aurora, die Sterne und Luzifer sind personifiziert, ebenso übrigens Luna (deren Name unerklärlicherweise bei Ehwald[31] kleingedruckt ist). Man beachte besonders den Rhythmus in Vers 117: *cornuaque extremae velut evanescere Lunae;* Reihenfolge: Länge — zwei Kürzen — drei Längen — zwei Kürzen — drei Längen — zwei Kürzen — zwei Längen. Der Vers ist fast völlig symmetrisch. Hervorgehoben ist *evanescere,* einmal durch die Stellung nach der Dihärese (nach dem dritten Fuß), zum anderen wegen der drei Längen, die mit *extremae* korrespondieren. Die Tatsache, daß auf das kurze *velut* das mehrsilbige *evanescere* folgt, wirkt besonders ausdrucksvoll. Die Horen schirren die feuerspeienden Rosse an (119): ein erneuter Hinweis auf das zerstörerische Element! Dann schützt der Vater seinen Sohn durch ein Zaubermittel vor Feuer (123) und setzt ihm den Strahlenkranz auf.

In einer weiteren Rede gibt Phoebus seinem Sohn Anweisungen für die Fahrt. Er rät ihm vor allem, mehr die Zügel als den Treibstachel zu verwenden (127) und sich auf einer mittleren Bahn zu halten (137). Die Rede wird zum Teil in den Ermahnungen des Daedalus für Icarus nachklingen (8,203—208). Zum Schluß bittet Sol noch einmal, Phaëthon möge von seinem Vorhaben ablassen. Wie am Ende der ersten längeren Rede eine Ermahnung zu „weiserem" Verhalten steht (102), so jetzt zu *consilium* (146).

Umsonst! Phaëthon besteigt den Wagen. Seine jugendlich schlanke Gestalt (150) läßt ahnen, daß sie für die Sonnenrosse zu leicht ist. Er freut sich, die Zügel zu berühren (*gaudet,* 152, wie Icarus seinen Flug genießt, 8,223), und bedankt sich bei dem widerstrebenden Phoebus: tragische Ironie! Die Namen der Rosse weisen durchweg auf das Element des Feuers hin (Pyroïs, Aethon, Phlegon und Eous; der letztgenannte hat seinen Namen von der Morgenröte). Sie schnauben Feuer (155). Phaëthon erfährt die Namen nicht oder nimmt sie (wohl eher) nicht zur Kenntnis (vgl. sein Verhalten am Eingangstor). Ein weiterer Vorverweis auf das nahende Unheil: Die Meeresgöttin Tethys (als Mutter der Clymene Phaëthons Großmutter) öffnet den Rossen die Schranken, ohne das Schicksal ihres Enkels zu kennen (155). Diese Nebenfigur vermehrt die Zahl der Erwachsenen, die den Knaben, ohne es zu wollen, ins Unglück stürzen: Zu Mutter und Vater kommt jetzt die Großmutter hinzu.

---

31 Textausgabe Leipzig 1915.

Kaum ist der Wagen unterwegs, bemerken die Rosse, daß das gewohnte Gewicht[32] fehlt (161—166). Sie verlassen die vertraute Bahn; Phaëthon kennt sich nicht mehr aus und hat auch keine Macht über die Pferde. Das Stichwort *pavet* (169) greift auf Phaëthons Schüchternheit beim Anblick seines Vaters zurück (31).

Der Sonnenwagen berührt Himmelsgegenden, denen er sonst fernbleibt, und erhitzt sie. Im Streben nach Konkretisierung flicht Ovid hier einige Scherze ein, die auf einer unerwarteten Verbindung von Mythologie und Physik beruhen (wie sie für sein Werk typisch ist): Die Große Bärin, die am Nordhimmel steht, erhitzt sich zum ersten Male und bekommt Lust, im Ozean zu baden, was ihr die eifersüchtige Juno verwehrt hat[33]. Die Schlange, auch sie dem Polarstern nahe, verliert ihre bisherige Kühle und wird gefährlich. Bootes nimmt kurzerhand Reißaus, aber mit seinem schweren Karren kommt er nicht weit. Die Erwähnung der Sternbilder erinnert an die Mahnungen des Phoebus (130—140).

Auch der folgende Abschnitt (178 ff.) behandelt eine Gefahr, vor der Phaëthon gewarnt worden ist: den Blick von der Mitte des Himmels hinab in die Tiefe (vgl. 64—66). Dabei erbleicht der Knabe, Zittern ergreift ihn, und ihm wird trotz der Strahlenkrone, die er trägt, schwarz vor Augen (181). Der Kontrast zwischen der Nähe des Sonnenlichts und der Unfähigkeit zu sehen erinnert an die Eingangsszene, in der Phaëthon die Helligkeit nicht ertragen konnte (22 f.). Man sieht: Das Zaubermittel hat nur seine körperliche Widerstandskraft gegen das Feuer erhöht, nicht aber seine seelische Festigkeit und seine geistigen Fähigkeiten. Er ist trotz aller Magie und Technik ein Mensch geblieben. Zu spät wünscht er, nie das Gespann bestiegen zu haben, nie seine Herkunft erfahren zu haben; ja er wünscht sich, ein Sohn des Merops zu heißen (184). Der Name seines irdischen Pflegevaters bedeutet „der Sterbliche" — so beweist der Wunsch, daß Phaëthon endlich erkannt hat, daß er nur ein Mensch ist.

Ein Gleichnis verdeutlicht die Situation: Der Wagen rast dahin wie ein Schiff bei Nordwind, das der Steuermann aufgegeben hat (184—186). Phaëthons Dilemma[34] wird in rhetorischer Weise verdeutlicht. *Quid faciat?* Der Autor fühlt sich in seine Gestalt ein. In Antithesen vollzieht er die Gedanken des Unglücklichen nach (Chiasmus: *multum... post terga ... ante oculos plus;* Parallelismus: *modo ... prospicit occasus, interdum respicit ortus).* Wirkungsvoll ist ein Blick in die Zukunft eingeschoben (189: parenthetischer Relativsatz mit Hinweis auf das *fatum*). Phaëthon weiß nicht, was er tun soll (191). Die völlige

---

32 Den Göttern wird ihrer großen Bedeutung entsprechend besonderes Körpergewicht zugeschrieben, vgl. auch 9,273. Diese altgriechische Vorstellung konnte sich leicht mit dem römischen Gedanken der *gravitas* verbinden (vgl. G. Dumézil: *Maiestas et gravitas,* in: Revue de philologie 26, 1952, S. 7—28; jetzt in: G. Dumézil: Idées romaines, Paris 1969, S. 128—152 (mit neuerer Literatur).

33 Vgl. *met.* 2,530.

34 Hierüber s. M. v. Albrecht: Meister römischer Prosa von Cato bis Apuleius. Interpretationen, Heidelberg 1971, S. 69.

Ratlosigkeit wird durch Negationenhäufung beschrieben: Weder läßt er die Zügel los, noch kann er sie zurückhalten, noch weiß er die Namen der Pferde. Der Alptraum setzt sich in der plastischen Darstellung der Tierkreiszeichen fort, die Phaëthon erschrecken. Beim Anblick des Skorpions (195—200) läßt der Knabe entsetzt die Zügel los. Die Pferde fühlen die schleifenden Riemen auf dem Rücken und verlassen endgültig die vertrauten Bahnen. Auch hier sind Gegensätze das wichtigste Stilmittel (*modo summa ..., modo per declive,* 206). Eine Einzelaufzählung vergegenwärtigt den Weltenbrand, der mit dem Niedergehen des Wagens eingesetzt hat (Wolken, Berggipfel, Gras, Bäume, Felder); das dahinter stehende rhetorische Prinzip lautet: *omnia* sind eindrucksvoller als das *totum*, d. h. Detaillierung bedeutet einen Gewinn an Eindringlichkeit[35]. Unmerklich ist Ovids Erzählung vom Himmel zur Erde herabgestiegen. Ein Anzeichen hierfür ist Lunas Verwunderung darüber, daß der Wagen ihres Bruders sich unterhalb der Mondbahn bewegt (die antike Astronomie wußte natürlich, daß der Mond sich viel näher bei der Erde befindet als die Sonne).

Ovid erweitert und vertieft die Vorstellung des Brandes noch mehr; er spricht von ganzen Städten, die brennen, und endet mit einem Katalog der Berge, unter denen der Appennin für den Römer einen Ehrenplatz einnimmt. So läßt Ovid den Brand einzelner am Wege des Sonnenwagens liegender Dinge langsam ‚vor den Augen des Lesers‘ zu einem wirklichen Weltbrand werden. Auch das Geschehen um Phaëthon ist ein sich steigernder Prozeß, kein Zustand. Die Steigerungen wiederholen sich auch in den Aitiologien und in der Rede der Tellus.

Phaëthon sieht, daß die Welt in Flammen steht, erträgt die Hitze nicht mehr, fühlt, daß sein Wagen glüht, und kann vor lauter Asche und Rauch nichts mehr erkennen. Aitiologien reihen sich an: Damals sollen die Äthiopier schwarz geworden sein, es entstand die libysche Wüste. Die Reihe geht in Hyperbeln über: Berühmte Nymphen trauern um ihre Quellen, die Flüsse dampfen und brennen, das Gold, das der Tagus führt, wird flüssig, die Schwäne im Caystros werden gebraten, und der Nil versteckt sich an seiner Quelle, die man bis heute nicht wieder gefunden hat. Der Meeresspiegel sinkt, und bisher verborgene Berge und Inseln tauchen auf. Ovid spricht vom Schicksal der Wassertiere und -gottheiten. Neptun wagt sich nicht mehr an die Oberfläche, aber die Mutter Erde erhebt sich und fleht Jupiter um Hilfe an.

Die Rede der Tellus besteht aus einer einleitenden Bitte, der Qual durch einen Blitzschlag ein Ende zu machen, und einer *narratio,* die das Unglück im Detail schildert. Die Bitte um Erbarmen wird stufenweise aufgebaut; erst ist die Erde genannt, dann das Meer (d. h. Jupiters Bruder Neptun), schließlich der Himmel selbst, den das Feuer ebenfalls gefährdet. Wieder liegt die Dreiheit *mare — terra — caelum* vor (vgl. oben zur Weltschöpfung und zum Anfang des zweiten Buches, S. 17 und 26; dieselbe Dreiheit fand sich auch in der Darstellung des Brandgeschehens — nur in umgekehrter Reihenfolge. Die

---

35 Hierüber M. v. Albrecht: Spuren der Rhetorik in antiker und neuzeitlicher Poesie, in: Rom: Spiegel Europas, Heidelberg 1984.

Steigerung ist effektvoll aufgebaut, wie es der rhetorischen Kunst Ovids entspricht. Jupiter ruft die Götter zu Zeugen an (darunter auch Phaëthons Vater), daß eine Notlage besteht und Abhilfe geschaffen werden muß. Da er keine Wolken findet, greift er nach dem Blitz und bezwingt so Feuer mit Feuer. Die Pferde flüchten, Phaëthon stürzt brennend in den Eridanus. Ovid vergleicht ihn mit einem Stern, der vom Himmel fällt (322).

Najaden begraben ihn. Die Inschrift faßt epigrammatisch Phaëthons Wesen zusammen. Sein Vater Phoebus trauert; es soll einen Tag lang keine Sonne aufgegangen sein — der Dichter fügt vorsichtig hinzu: *si modo credimus* (331) —, aber die vielen Feuerbrände spendeten Licht, und so hatte auch dieses Übel sein Gutes.

Ein ironischer Schluß! Das heißt freilich nicht, daß Ovid mit Phaëthon kein Mitgefühl hätte. Die Sympathie des Lesers ist vor allem im Vorspiel geweckt worden; das Unglück betrachtet Ovid freilich mit der Distanziertheit des Künstlers. Die eigentümliche Mischung aus Einfühlung und Abstand, die für Ovids Erzählweise so bezeichnend ist, tritt in unserer Erzählung besonders klar hervor. Hierzu sind Anfang und Gleichnisse der Orpheus-Erzählung, das Röhrengleichnis bei Pyramus' Tod und die heiteren Details der Sintflutschilderung zu vergleichen.

Clymenes Trauer vollzieht Ovid nicht nach: *postquam dixit quaecumque fuerunt in tantis dicenda malis* (333). Zugrunde liegt das Prinzip des Angemessenen. Nicht die Gefühle als solche sollen ironisiert werden. Vielmehr macht uns Ovid bewußt, daß wir es mit Kunst zu tun haben. Er läßt uns einen Blick in seine Werkstatt werfen und verrät uns durch eine schelmische Andeutung, welche rhetorischen Ausführungen er uns erspart. Clymenes Schmerz kommt dennoch zum Ausdruck: in Bewegungen und Gebärden, in der Suche nach Phaëthons Gebeinen und in ihrer Bestattung. Clymene trauert an Phaëthons Grab zusammen mit den Heliaden, seinen Schwestern. Nach viertägiger Trauer werden die Mädchen in Bäume verwandelt.

Diese Metamorphose wird schrittweise geschildert. Die erste Stufe ist die plötzliche Wahrnehmung der Heliaden, daß sie die gewohnten Handlungen nicht mehr ausführen können; die Beine erstarren und stehen wie angewurzelt. An zweiter Stelle steht das staunende Erkennen einer körperlichen Veränderung: Beim Raufen des Haares — dem traditionellen Trauergestus — greifen die Hände in Laub; die Schenkel werden zum Baumstamm, die Arme zu Ästen. Danach überzieht Rinde auch den Leib, die Schultern und die Hände, und nur noch das Gesicht bleibt übrig und der Mund, der nach der Mutter ruft; vergeblich versucht Clymene, ihre Kinder aus der Rinde zu befreien, sie fügt ihnen dadurch nur blutige Wunden zu. Schließlich verstummt die Klage der Heliaden; denn die Rinde verschließt ihnen den Mund.

Die Tränen dieser Bäume werden zu Bernstein, der der römischen Damenwelt als Schmuck dienen soll. Man hat diese Verbeugung vor den Leserinnen des Anachronismus getadelt. Die Bezugnahme auf Erfahrungen der Gegenwart ist freilich schon dem alten Epos nicht fremd. Beispielsweise appellieren die epischen Gleichnisse an die Alltagserfahrung des Lesers; sie setzen vielfach ein anderes Milieu voraus als die heroische Haupthandlung. Wenn in der ‚Ilias'

(20,302 ff.) den Nachkommen des Aeneas eine große Zukunft prophezeit wird, so ist dies eine Huldigung eines Dichters an ein bestimmtes Fürstenhaus. Für aitiologische Mythen ist der Zusammenhang zwischen Gegenwart und mythischer Erzählung eine unabdingbare Voraussetzung; darin liegt sogar der Sinn der betreffenden Geschichte. Der Dichter sagt gewissermaßen: „Der Bernstein, den Sie, geneigte Leserin, am Halse tragen, ist der sichtbare Beleg für die Wahrheit meiner Geschichte." Oder umgekehrt: Die dichterische Phantasie der Erfinder der alten Mythen liest aus dem festen uns vorliegenden Gegenstand (hier dem als Schmuck dienenden Bernstein) einen bewegten Prozeß ab. Eine Kette von Ereignissen führt als „Ursachen" (αἴτια) zielstrebig zur Entstehung des betreffenden Gegenstandes, der uns heute als Resultat und Beleg vor Augen liegt. Die Verifizierung durch die gegenwärtige Erfahrung ist kein barocker Schnörkel, sondern ein notwendiger Bestandteil aitiologischer Dichtung; in erzählerischer Form werden die Vorgänge dargestellt, die zur Entstehung unserer Umwelt geführt haben.

Das Spielerisch-Ironische der Bezugnahme auf die römische Damenwelt liegt mehr in der gerundivischen Ausdrucksform (*gestanda*, 366), die ein „Müssen" impliziert und so aus dem lockeren konsekutiven Zusammenhang (der Bernstein fällt in den Strom, *so daß* man ihn dort heute noch findet und zu Schmuck verarbeitet) einen finalen macht. Die finale Überzeichnung eines konsekutiven Zusammenhanges spiegelt eine stark anthropozentrische Sehweise, die übrigens zu Ovids Zeit von den Stoikern ernsthaft vertreten wurde. War nicht die Natur um des Menschen willen geschaffen? Teleologisches Denken bietet für eine dichterische Gestaltung große Vorteile: Nichts erscheint zufällig, alles durch göttliches Walten bestimmt und auf ein Ziel ausgerichtet. Andererseits setzt sich eine solche Betrachtungsweise auch der Kritik aus, vor allem, wenn das Resultat in keinem rechten Verhältnis zum Aufwand steht. Sagt Vergil im Hinblick auf die Aeneashandlung *tantae molis erat Romanam condere gentem*, so wirkt diese Aussage deswegen nicht lächerlich, weil Ursache und Wirkung in einem ausgewogenen Verhältnis zueinander stehen. Ovid hingegen schildert eine Katastrophe von astronomischem Ausmaß und den Untergang einer Familie; und das alles, damit ein bißchen Schmuck entstehen konnte! Als Paralleltext zur Kritik an der teleologischen Sehweise wäre heranzuziehen: Lukrez 4, 822—857, bes. 822—831. Der Grundgedanke steht dort in den Versen 834 f.: „Nichts ist im Körper geboren, damit wir es gebrauchen können, sondern was entstanden ist, das erzeugt die Verwendungsmöglichkeiten", *nil ideo quoniam natumst in corpore, ut uti possemus, sed quod natumst, id procreat usum.*

Außerdem läßt sich heranziehen: Voltaire, *Candide* (1759), Kap. 1: „Pangloss lehrte die metaphysisch-theologische Kosmolonigologie *(absichtliches Wortungeheuer)*. Er bewies vortrefflich, daß es keine Wirkung ohne Ursache gibt und daß in dieser besten der möglichen Welten das Schloß des Herrn Baron das schönste aller möglichen Schlösser und die Baronin die beste aller möglichen Baroninnen war. ,Es ist erwiesen', sagte er, ,daß die Dinge nicht anders sein können, denn da alles zu einem Zweck geschaffen ist, ist alles notwendigerweise für den besten Zweck geschaffen: Beachten Sie, daß die Nasen geschaffen sind, um Brillen zu tragen, deshalb haben wir Brillen. Die Beine sind sichtlich so eingerichtet, um beschuht zu werden, und wir haben Schuhe. Die Steine sind geformt, um behauen zu werden und um Schlösser daraus zu bauen, deshalb hat der Herr Baron ein sehr schönes Schloß: der größte Baron der Provinz muß am besten wohnen. Und da die Schweine zum Essen gemacht sind, essen wir das ganze Jahr Schweinefleisch. Deshalb haben diejenigen, die behauptet haben, alles sei gut, etwas Törichtes gesagt; man hätte sagen sollen, daß alles aufs beste ist.'"

*„Pangloss enseignait la métaphysico-théologo-cosmolonigo-logie. Il prouvait admirablement qu'il n'y a point d'effet sans cause, et que, dans ce meilleur des mondes possibles, le château de Monseigneur le baron était le plus beau des châteaux, et Madame la meilleure des baronnes possibles. ,Il est démontré', disait-il, ,que les choses ne peuvent être autrement, car tout étant fait pour une fin, tout est nécessairement pour la meilleure fin. Remarquez bien que les nez ont été faits pour porter les lunettes; aussi avons-nous des lunettes. Les jambes sont visiblement instituées pour être chaussées, et nous avons des chausses. Les pierres ont été formées pour être taillées et pour en faire des châteaux; aussi Monseigneur a un très beau château: le plus grand baron de la province doit être le mieux logé; et les cochons étant faits pour être mangés, nous mangeons du porc toute l'année: par conséquent, ceux qui ont avancé que tout est bien ont dit une sottise; il fallait dire que tout est au mieux. '"*

Das Gemeinsame des Ovid- und des Voltairetextes ist die Überzeichnung einer teleologischen (finalistischen) Auffassung bis hin zum Komischen. Voltaire will den Mißbrauch der Teleologie zur Begründung des politischen Status quo entlarven, indem er den Gedanken bis in die absurdesten Konsequenzen verfolgt; Ovid übt keine prinzipielle Kritik, aber er regt doch zum Nachdenken an, indem er uns mit dem eigentümlichen Mißverhältnis von Ursache und Wirkung konfrontiert. Wie Voltaire die Leibnizsche Auffassung, wir lebten in der bestmöglichen aller Welten, überzeichnet, so Ovid die stoische, alles sei um der Menschen willen geschaffen. Walther Kraus hat einmal treffend[36] Ovids Ironie mit derjenigen Thomas Manns verglichen. Die Ironie dieser Autoren meint nicht das Gegenteil dessen, was sie zu sagen vorgibt (Ovid denkt ja selbst anthropozentrisch), sondern sie stellt die eigene Aussage nur ein klein wenig in Frage.

In diesem Zusammenhang müssen wir nochmals auf den Schluß der eigentlichen Phaëthontragödie zurückkommen. Der Sonnengott trauert; einen Tag lang geht keine Sonne auf. Wegen des Weltbrandes ist es trotzdem hell; und so hat auch dieses Übel sein Gutes. Hier ist der Spott über eine teleologische Auffassung härter und ironischer als an der soeben besprochenen Stelle. Man denkt an den zweiten Teil des ‚Candide' (2,10). Bei einem Großbrand kamen zwei- bis dreitausend Menschen ums Leben: „Was für ein schauerliches Unglück!' rief Candide aus. ,Alles ist gut', sagte Pangloss. ,Diese kleinen Unfälle kommen jedes Jahr vor. Es ist ganz natürlich, daß Holzhäuser Feuer fangen

---

36 W. Kraus: Forschungsbericht Ovid I,2, in: Anzeiger für die Altertumswissenschaft 16, 1963, S. 11.

und daß diejenigen, die sich darin befinden, verbrennen. Im übrigen verhilft dies ehrenwerten Leuten, die in Armut dahinschmachten, zu einigen Mitteln...'". *„Quel horrible désastre!" s'écria Candide.* — *„Tout est bien", dit Pangloss; „ces petits accidents arrivent tous les ans. Il est tout naturel que le feu prenne à des maisons de bois et ceux qui s'y trouvent soient brûlés. D'ailleurs, cela procure quelques ressources à d'honnêtes gens qui languissent dans la misère..."*. Ein Türke, der diese Worte hört, ist so empört, daß er den Philosophen ins Feuer wirft.

Voltaire kritisiert den metaphysischen Optimismus ausdrücklicher und schärfer als Ovid. Dieser distanziert sich nicht expressis verbis von der Behauptung, der Weltbrand sei nützlich und zweckmäßig; er überläßt es dem Publikum, die Ironie zu durchschauen. Dementsprechend macht Ovid manche seiner Leser ratlos. Was Seneca zur ovidischen Sintflutschilderung anmerkte, paßt auch auf unsere Stelle: „Es zeugt von einem Mangel an Nüchternheit, wenn man beim Weltuntergang witzelt", *Non est res satis sobria lascivire devorato orbe terrarum (nat. quaest. 3,27,14).* L. Fromondus[37] verweist zu dieser Stelle auch auf die Phaëthonerzählung, aber nicht auf die von uns analysierten Scherze, sondern auf die im brennenden Caystrosstrom gekochten (oder soll man sagen: gebratenen?) Schwäne (252 f.). Es ist bezeichnend, daß viele Übersetzer hier die Drastik dämpfen; so Rösch[38]: „mitten auf dem Caystros in Hitze schmachten die Schwäne". Zu schwach auch Suchier[39]: „wurden gewärmt die Vögel der Flut, im Bett des Caystros." Ovids Pointen zerstören die einheitliche Stimmung, aber sie regen den Leser zum Nachdenken an und haben überhaupt die wichtige Funktion, Distanz zum Geschehen herzustellen (vgl. auch unsere Interpretation der Orpheuserzählung S. 97).

Die kritische Tendenz setzt sich im weiteren Verlauf unserer Erzählung fort (367 ff.)! Phaëthons Verwandter und Freund Cygnus wird, während er um den Toten klagt, in einen Schwan verwandelt (*nova avis*, 377: Ovid denkt nicht mehr an die Caystrosschwäne von Vers 252 f.). Doch wie erklärt sich das Verhalten der neuen Vogelart? Cygnus vertraut sich nicht mehr dem Himmel und Jupiter an, da er an den ungerechten Blitzschlag denkt, mit dem Jupiter Phaëthon tötete (*iniuste*, 378). Die Abneigung gegen das himmlische Feuer macht aus dem Schwan einen Wasservogel.

Die deutliche Kritik an Jupiter bildet den Auftakt zum folgenden Abschnitt, in dem der Sonnengott ausdrücklich in Streik tritt und sein Verhalten durch eine Protestrede begründet. Eingangs stellte Phoebus fest, sein bisheriges mühevolles Leben sei vergeblich gewesen (*sine fine, sine honore*, 384). Möge doch ein anderer den Sonnenwagen lenken! Aus dem bisherigen Verlauf der Erzählung wissen wir, daß kein anderer dazu in der Lage ist (vgl. 2,55—62). Sorgfältig baut der Redner eine Steigerung auf: Wenn sich keiner findet und alle Götter sich außerstande erklären, möge Jupiter doch selbst den Wagen lenken,

---

37 L. Annaei Senecae philosophi opera quae exstant omnia, edd. I. Lipsius — L. Fromondus, Antverpiae ⁴1652.
38 Übersetzung der Metamorphosen, München ⁷1977.
39 Übersetzung der Metamorphosen, München o. J.

um wenigstens, solange er damit beschäftigt ist, keine Blitze zu schleudern, die Väter kinderlos zu machen! Der letzte Satz deutet an, was wir schon wissen: Selbst Jupiter ist nicht fähig, die Sonnenpferde zu lenken. Der sarkastische Schluß bei Ovid weist auf Jupiters voraussichtliches Scheitern hin: „Wenn er die Kraft der feuerfüßigen Rosse erprobt hat, wird er merken, daß derjenige, der bei ihrer Lenkung keinen Erfolg hatte, nicht den Tod verdient hat." Diese kühne Rede eines Fachmanns, der sich seiner Unersetzlichkeit bewußt ist, zeigt, wie relativ die Allmacht des Götterkönigs ist. Alle Olympier demütigen sich vor Sol, sogar Jupiter entschuldigt sich wegen des Blitzschlages. So wird der Ehre des Phoebus Genüge getan. Zugleich geben jedoch die Drohungen, die der Himmelsherrscher mit einfließen läßt, zu verstehen, daß das Maß voll ist und daß Phoebus sich keine weiteren Ausfälle erlauben kann. So fängt der erlauchte Rebell seine völlig verstörten Zugtiere wieder ein und läßt nun an ihnen seine Wut aus (398 ff.).

Die ganze Schlußpartie der Phaëthongeschichte ist eine psychologische Miniatur. Ovid sagt ausdrücklich, Sol mache die Pferde für den Tod seines Sohnes verantwortlich (400). So ist am Ende der Erzählung nochmals unüberhörbar auf die Schuldfrage hingewiesen. Das Auspeitschen der Rosse ist eine Geste ohnmächtiger Wut. Phoebus versucht, die Tatsache zu verdrängen, daß er letzten Endes selbst durch sein voreiliges Versprechen der Schuldige ist. Die Erzählung endet mit einem weniger menschlichen als menschlich-allzumenschlichen Bild des Vaters, ähnlich wie sie mit einem — ebenfalls nicht idealisierten — Portrait der Mutter begonnen hatte. Wie der Vater durch sein Versprechen, so ist die Mutter durch die nicht minder voreilige Aufforderung, doch selbst den Vater aufzusuchen, am Tode des Sohnes schuldig.

Eine bildhafte Parallele zu diesem Gegensatz von guter Absicht und bösen Folgen ist Clymenes Rolle bei der Verwandlung ihrer Töchter: Im Bestreben, ihre Kinder von der wachsenden Baumrinde zu befreien, fügt sie ihnen blutige Wunden zu. Die Phaëthonerzählung ist nicht nur die Geschichte von Phaëthons Stolz, sie ist auch diejenige vom Stolz und der Demütigung seiner Eltern. Am Anfang steht die Psyche seiner Mutter, am Ende die des Vaters im Vordergrund, und zwar nicht ohne einen Seitenblick auf die Problematik der Macht. Darüber hinaus macht der Schluß deutlich, daß Phaëthons Stolz und mangelnde Einsicht nicht seine persönlichen Fehler sind; seine Mutter, aber auch sein göttlicher Vater sind im Grunde nicht viel besser als er.

Ovids Götter werden in sozialen Bezügen gezeigt, die sie menschenähnlich erscheinen lassen, sowohl was ihr Reden als auch was ihr Handeln betrifft. Man kann sogar sagen, daß der Olymp zum Spiegel irdischer Machtverhältnisse wird. Dasselbe gilt von Leidenschaften wie Stolz, Eigenliebe, Zorn und dem Mangel an Überlegung, der Phaëthon vorgeworfen wird, aber auch bei beiden Eltern zu finden ist. Der Mythos wird für Ovid zur Bühne rein menschlicher Empfindungen und Erfahrungen, an denen er seine subtile Charakterisierungskunst entfaltet[40].

---

40 Die vorliegende Interpretation wiederholt nicht die interessanten Ergebnisse der Arbeit
   von G. Dietz. Zum sagengeschichtlichen und mythologischen Hintergrund und zur Deu-

# Literatur

R.C. Bass: Some aspects of the structure of the Phaëthon episode in Ovid's Metamorphoses, in: Classical Quarterly 71 (n. s. 27), 1977, S. 402—408.

A.M. Betten: Naturbilder in Ovids Metamorphosen, Diss. Erlangen-Nürnberg 1968, S. 31—41.

G. Dietz / K. Hilbert: Phaëthon und Narziß bei Ovid, Heidelberg 1970, S. 5—46 (vgl. auch G. Dietz: Die Phaëthonsage bei Ovid. Zum Problem der Metamorphose, Jahresbericht 1968/1969 Bismarck-Gymnasium Karlsruhe, 1969, S. 15—25).

J.J. Moore-Blunt: A commentary on Ovid's Metamorphoses II, Uithoorn 1977 (zu Phaëthon: S. 2—74).

V.M. Wise: Flight myths in Ovid's Metamorphoses: an interpretation of Phaëthon und Daedalus, in: Ramus 6, 1977, S. 44—59.

---

# Text 4:   Actaeon (3,131—259 a)

---

## Übersicht

A. 138—142   Ankündigung.

B. 143—154   Actaeon und die Gefährten, ‚Ende' der Jagd.

C. 155—173   Das Bad der Diana.

D. 174—203   Auftritt, Verwandlung und Flucht Actaeons.

E. 204—252   Dilemma Actaeons; Katalog der Hunde; Actaeons Tod.

F. 253—255   Bewertung (und Weiterführung).

Die Erzählung knüpft an die vorausgehende Cadmusgeschichte an (138), ihr Inhalt bildet einen Kontrast zu Glück und Erfolg des Cadmus (Tötung des Drachens, Gründung Thebens): *poteras iam, Cadme, videri/exilio felix* (131 f., vgl. bes. auch 136 f.). Die Erzählung vom Sieg des Cadmus ist von Vorausdeutungen auf künftiges Unglück durchzogen (vgl. 97 f.: die Ankündigung seiner Schlangenverwandlung als Ausgleich dafür, daß Cadmus den Drachen getötet hat). Hier waltet das Prinzip der Talio (sprachlich zu *talis — qualis* gehörig). Die kulturschöpferische Tat des Cadmus hat ihren Preis.
Strukturell bereitet Ovid hier die Verwandlung des Cadmus und der Harmonia vor (4,563—603), wo unterstrichen wird, daß Cadmus seiner eigenen *fortuna* zum Opfer fällt. Seine Schlangenverwandlung wünscht er sich selbst als freiwillige Buße für seine Tat (4,571—575).

---

tung des Phaëthon-Mythos Dietz, S. 9—15. Problematisch ist seine Interpretation der Formen der Trauer (26). Erwähnenswert die naturphilosophische Deutung (33—35) unter Berufung auf Lukrez 5, 394—410 und Plat., *Tim.* 22c und die Erinnerung an den Vulkanausbruch auf Santorin-Thera um 1400 v. Chr.

Innerhalb dieses weitgespannten Rahmens steht an erster Stelle die Geschichte von Cadmus' Enkel Actaeon, das erste Unglück, welches das Glück des Cadmus trübte: *prima ... causa ... luctus* (138 f., *inter tot res ... secundas*). Auf Cadmus und seinem Geschlecht scheint infolge seiner Tat ein Fluch zu liegen. Während sich Actaeon dem verhängnisvollen Ort nähert, wird er vielsagend als *nepos Cadmi* bezeichnet (174), zugleich erscheint das Stichwort *fata* (178). Man erkennt, daß der genealogischen Zusammenhang nicht nur ein äußerliches Band zwischen Sagen ist.

Auf die Actaeonerzählung folgt das Geschehen um Semele, die Tochter des Cadmus. Ovid unterstreicht auch hier (287) unmittelbar vor dem entscheidenden Augenblick den genealogische Zusammenhang durch das Patronymikon *Cadmeïda*.

Die anschließende Narcissusgeschichte gehört als böotische Sage in den thebanischen Kreis; die Gestalt des Tiresias schlägt eine Brücke zurück zur Semelesage; wichtiger ist die thematische Verbindung mit der Actaeonerzählung durch das Motiv des verhängnisvollen Sehens und die strukturale Bedeutung des ‚Vergeltungs'-Prinzips, das uns schon in der Cadmusgeschichte begegnete.

Pentheus (511—733) ist als Sohn Echions und der Cadmustochter Agaue wiederum ein Enkel des Cadmus. Auch sein Vergehen ist es, Dinge mitangesehen zu haben, die nicht für seine Augen bestimmt sind; Pentheus zieht ausdrücklich die Parallele zu Actaeons Schicksal (3,720 f.). Der religiöse Aspekt tritt insofern stärker in den Vordergrund, als sich Pentheus bewußt gegen den Dionysoskult stellt, während Actaeon nur unfreiwillig Diana beim Baden erblickt. Semele fällt der Eifersucht Junos zum Opfer — wie Europa, die von Jupiter verführte Schwester des Cadmus (2,833—875; Ovid betont die Analogie 3,258 f.).

Der erste Teil des vierten Buches (1—415) handelt von der Bestrafung der Minyastöchter. Sie spielt ebenfalls in Theben und bezieht sich wie die Pentheusgeschichte auf Bacchus und die Verächter seines Kultes[41].

Mit 4,416 kehrt Ovid zum Geschlecht des Cadmus zurück. Cadmus' Tochter Ino und ihr Gemahl Athamas werden von Juno mit Wahnsinn geschlagen. Darauf entschließt sich Cadmus zur Buße und nimmt freiwillig die Schlangenverwandlung auf sich.

Actaeons Schicksal ist also ein erstes Warnzeichen an Cadmus (vgl. 4,564 f.: *luctu serieque malorum rictus et ostentis quae plurima viderat*). Ovid betont eingangs, daß es sich nicht um ein Verbrechen Actaeons handelt (*scelus*, 142), sondern um einen Irrtum, einen Irrweg (*error*, 142, vgl. die Kennzeichnung von Actaeons Gangart, während er sich nichtsahnend dem Badeplatz der Göttin nähert: *non certis passibus errans*, 175). Die Schuld liegt also beim Schicksal (*fortuna*, 141; dasselbe Wort steht 4,566 in bezug auf das Los des Cadmus). Die Form, in der Ovid Actaeon entschuldigt (*scelus — error*,

---

41 Neu ist das Thema ‚Feiertagsarbeit', stärker akzentuiert das Thema ‚Eros', das die eingelegten Erzählungen bestimmt, wobei sich der Bogen von der romantischen Liebe (Pyramus und Thisbe) bis zu betonter Sinnlichkeit spannt (Mars und Venus, Salmacis und Hermaphroditus).

138—142), erinnert an Ovids Selbstrechtfertigung in den ‚Tristien‘. Man hat geglaubt, unsere Stelle sei nachträglich (d. h. nach dem Verbannungsedikt) eingefügt[42]. Wir haben gesehen, daß unser Abschnitt aufs engste mit dem Gefüge der Bücher 2—4 verklammert ist. Eine nachträgliche Einfügung ist daher wenig wahrscheinlich. Das Irren, das für das Dasein des Cadmus konstitutiv ist (*orbe pererrato*, 3,6; *longisque erroribus actus*, 4,567), kehrt bei Actaeon wieder (175) und im übertragenen Sinne (*error*, 447) bei Narcissus. Cadmus wird von seinem Vater mit Verbannung bedroht, und dieses Schicksal verfolgt ihn bis in seine letzten Lebensjahre. Die Ursache des Fluches ist die Entführung Europas durch Jupiter, genauer gesagt, Junos eifersüchtiger Haß, der in den Erzählungen von Semele und Ino an die Oberfläche tritt.

Die Exposition (143—147) nennt Ort *(mons)*, Situation (Jagd), Zeit (Mittag), Personen (Actaeon und sein Gefolge, Actaeon heißt nach dem alten böotischen Stamm der Hyanther *iuvenis Hyanthius*). Der Tempusgebrauch scheidet klar den Hintergrund (Plusquamperfekt, Imperfekt) von der Äußerung der Hauptperson (historisches Präsens nach *cum inversivum*) und der Nebenfiguren (Partizip).

Es folgen Actaeons Rede (148—153) und die Ausführung seines Befehls (154): Für den heutigen Tag wird die Jagd abgebrochen. Actaeons Worte nehmen mehrere Motive der Exposition auf: Mittag (151 f.; 144 f.), besonders aber das auffällige Eingangsmotiv, das schon in der Einleitung recht düster klang. Ovid sagt nicht, wie es nahegelegen hätte: „Die lustige Jagd hatte reiche Beute gebracht“, vielmehr: *Mons erat infectus variarum caede ferarum*. Und dieser nicht gerade unbeschwerte Klang setzt sich in Actaeons ersten Worten fort: *Lina madent, comites, ferrumque cruore ferarum* (148). Vor dem Hintergrund des Späteren, aber auch nach dem Hinweis auf *fortuna* in der Einleitung, liegt in Actaeons Äußerung tragische Ironie: *fortunamque dies habuit satis*. Vor und nach diesen Worten wird zum Überfluß darauf hingewiesen, daß der Tag erst zur Hälfte vorüber ist (144 f.; 151 f.). Im kleinen, auf das Maß eines einzigen Tages verkürzt, wiederholt sich hier das Leitmotiv der Cadmusgeschichte, das Ovid soeben unterstrichen hatte (*dicique beatus ante obitum nemo … debet*, 136 f.).

Szenenwechsel (155—172): Landschaftsbeschreibung (Wald, Höhle und Quelle; 155—162). Diana steigt ins Bad, wobei sie sich von ihrem Gefolge bedienen läßt (163—172).

Der erste Teil dieser Partie ist eine Ortsbeschreibung (Ekphrasis). Typisches Zeichen hierfür ist *erat*, 155 (‚es gab‘)[43]. Dieses Verb darf nicht mit *densa* verbunden werden; vgl. Caes. *Gall.* 2,9,1: *palus erat non magna inter nostrum atque hostium exercitum* („Es gab einen kleinen Sumpf...“, und ja nicht: „Der Sumpf war nicht groß“). Die Perspektive verengt sich allmählich. Vom Tal mit Fichten und Zypressen (155) wird man zur Grotte mit der Quelle geführt

---

42 M. Pohlenz: Die Abfassungszeit von Ovids Metamorphosen, in: Hermes 48, 1913, S. 11 f. (zur Kontroverse hierüber s. F. Bömer im Kommentar, Heidelberg 1969, zu *met.* 3,142.

43 In Vers 155 sollte man nach *erat* ein Komma setzen.

(157—162). Dann vollzieht sich ein Übergang von der Beschreibung zur Handlung: Die Gewohnheit Dianas, hierher zu kommen (Imperfekt) wird auf einen Einzelfall eingeschränkt: *quo postquam subiit,* historisches Perfekt *tradidit* (165). Damit sind wir mitten in der Erzählung.

Die Landschaftsbeschreibung ist auch in sich sinnvoll gegliedert: allgemeine Einführung der Landschaft (155, Imperfekt), Namensangabe und erste Erwähnung Dianas (Apposition), Hinweis auf das Vorhandensein der Grotte (Präsens), Einzelbeschreibung der Grotte (Plusquamperfekt), Quelle (wieder Präsens).

Die Handlung selbst (165 ff.) ist ebenfalls fein aufgegliedert: Ablegen der Waffen (165 f.), des Gewandes (167), der Sandalen (168), Hochschürzen der Haare (168 f.). Bei jedem dieser Handgriffe wird Diana von einer anderen Dienerin unterstützt; eine Einzelheit: Die Spezialistin für den Haarknoten läßt ihr eigenes Haar lose herabhängen (170); es zeugt von Humorlosigkeit, wenn Merkel[44], der offenbar vom klassischen Altertum eine allzu ‚klassizistische‘ Vorstellung hat, gerade diesen spielerischen Einzelzug streicht. Nicht weniger spielerisch ist der Vorgang des Badens durch griechische Eigennamen verlebendigt und in ein Klangspiel umgesetzt: *Excipiunt laticem Nepheleque Hyaleque Rhanisque/et Psecas et Phiale funduntque capacibus urnis* (171 f.). Die Namen haben semantisch mit dem Wasser zu tun (Nephele: Wolke; Hyale: Kristall, Glas; Rhanis: Wassertropfen, von ‚ραίνω‘, ‚ich besprenge‘, Psecas: Regentropfen; Phiale: Schale). In dieser Namenreihe vergegenwärtigt Ovid das Naturphänomen ‚Wasser‘ in einer sinnvollen Abfolge der Aspekte im Spannungsfeld zwischen Formlosigkeit und Form, Trübe und Klarheit.

In Vers 173—176 wechselt die Perspektive: Der Dichter kehrt zu Actaeon zurück; als Übergang dient ein Nebensatz mit *dum,* der die Badeszene nochmals zusammenfaßt. Die neue Person erscheint in ‚Nahaufnahme‘ (*ecce* und historisches Präsens). Ein kommentierendes Imperfekt bildet den vorläufigen Abschluß (*sic illum fata ferebant*). Hier konzentrieren sich (vor der Peripetie) wichtige Motive: *errans, fata, nepos Cadmi* (Actaeon wird jetzt so genannt, da ihn der Fluch des Geschlechtes trifft).

177—185: Ovid lenkt hier die Aufmerksamkeit von Actaeon (177) über die erschrockenen Nymphen (178—180) zu Diana. Alle Reaktionen äußern sich in Bewegungen. Die Nymphen wehklagen und schlagen sich an die Brust: Elemente der Totenklage. Das Unheil ist geschehen, eigentlich fast ohne Zutun des ‚Schuldigen‘, der denn auch nur in einem Nebensatz erwähnt wird (*qui simul intravit,* 177). Die Nymphen stellen sich schützend um Diana: eine zentripetale Bewegung des Chores. Einerseits erscheint hier die Göttin des Schutzes bedürftig, andererseits bleibt ihre Majestät gewahrt, denn sie überragt die Nymphen um Haupteslänge. Man erinnert sich an *Aen.* 1,500 f., wo Diana von den Oreaden umschwärmt wird und größer ist als ihr Gefolge (vgl. dazu auch *Odyss.* 6,107).

Ein Gleichnis (183—185) spiegelt Dianas Erröten in atmosphärischen Bildern (von der Sonne bestrahlte Wolken oder Morgenröte).

---

44 Ausgabe der Metamorphosen, Leipzig 1875.

Dianas Bewegung ist Ausdruck ihrer Keuschheit: Obwohl sie von ihren Begleiterinnen umdrängt ist, wendet sie sich zur Seite und blickt über die Schulter zu Actaeon. Statt ihrer gewohnten Pfeile hat sie nur Wasser zur Hand. Die Rede der Göttin ist in ihrer äußerlichen Harmlosigkeit und beinahe verächtlichen Doppeldeutigkeit weit bösartiger, als es eine heftige Reaktion gewesen wäre. Im Physiognomischen kommt der Affekt jedoch unmittelbar zum Vorschein: Diana errötet. Der Kontrast spricht für sich. Es folgt die Verwandlung, bei der, einer unserem Autor auch sonst geläufigen Technik entsprechend, Ähnliches in Ähnliches übergeht. Auf die stilistischen Kunstmittel werden wir noch zurückkommen. In dem Epitheton *vivax* (der Hirsch galt in der Antike als langlebig) kann tragische Ironie liegen.

Das Finale ist mit Actaeons Augen gesehen, ein Drama, das er erlebt. Innerlich bleibt er offenbar derselbe. Zwar bekommt er Angst, wie es dem Wesen des Hirsches entspricht (198); er flieht und wundert sich darüber, wie schnell er laufen kann (199). Da erblickt er sein Spiegelbild im Wasser (200). Er will rufen „wehe mir", aber die Stimme gehorcht ihm nicht. Sein Bewußtsein bleibt allerdings unverändert (203). Ovid hat diese alptraumartige Situation besonders eindrucksvoll gestaltet. Actaeon befindet sich im Zweifel, was er tun soll, er scheut sich heimzugehen und hat doch Angst, im Walde zu bleiben. Während er noch zögert, erblicken ihn die Hunde. Ein stattlicher Katalog von Hundenamen, dessen Bedeutung sich nicht im Spielerischen erschöpft, vergegenwärtigt schon durch seine Fülle die bedrohliche Meute. Drei Hunde, die noch nicht genannt worden waren, packen Actaeon zuerst; sie waren später losgerannt, hatten aber eine Abkürzung genommen.

Aus Lieblingen und Jagdgefährten werden bald unbarmherzige Feinde werden (so wird sich die in den Namen lauernde Gewalttätigkeit gegen den Besitzer kehren).

Antithese und Paradoxie stehen nicht um ihrer selbst willen; sie verdeutlichen die Wandlung (229: Er flüchtet auf Wegen, auf denen er bisher das Wild verfolgt hatte; wehe, er flieht vor seinen eigenen Dienern!).

Das Finale setzt einerseits in ergreifender Weise das Thema ‚Selbstentfremdung' fort: Actaeon ist schon mit Wunden übersät und stößt einen Klagelaut aus, zwar keinen Menschenlaut, aber es klingt auch nicht nach der Stimme eines Hirsches; er kniet nieder und blickt von einem zum andern, als flehe er um Gnade. Andererseits wird die tragische Ironie auf die Spitze getrieben. Sein ahnungsloses Gefolge hetzt die Meute auf, und man ruft nach Actaeon, als wäre er abwesend. Er hört seinen Namen und blickt sich nach den Rufern um; sie aber beklagen sich über seine Abwesenheit und über seine Langsamkeit, die ihn daran hindere, das Schauspiel zu genießen. Im Rahmen dieser tragischen Ironie muß man auch die zugespitzte Herausarbeitung von Actaeons Gedanken sehen: Er wäre ja gerne abwesend, aber leider ist er anwesend, und er würde lieber die Taten seiner Hunde mit ansehen, als sie zu spüren bekommen — als letzter Gedanke eines Sterbenden gewiß nicht besonders erhebend, aber der realen Situation durchaus angemessen (also innerlich nicht unwahrscheinlich). Es liegt hier wieder einer jener Fälle von Distanzierung am Ende der Erzählung vor. Schließlich kommt Ovid auf die strafende Gottheit zurück: Erst als Actaeon tot war, soll Dianas Zorn gesättigt gewesen sein (ihr Name ist nicht zufällig das letzte Wort der Erzählung).

Betrachten wir die Proportionen der Erzählung im ganzen! Die (inhaltlich gesehen) ‚zentrale‘ Szene um Diana steht dem Anfang näher als dem Ende. Actaeons Tod ist kunstvoll hinausgezögert: Es gibt verschiedene retardierende Momente, z. B. den Blick ins Wasser und die Überlegung, wohin er sich begeben soll, vor allem aber den endlosen Katalog der Hunde, der allein schon durch seine Fülle einer drohenden Gewitterwolke gleicht. Der Katalog ist nochmals getrennt von der Nennung der drei besonders schnellen Hunde, die Actaeon als erste packen. Eine flehende Geste bildet einen erneuten Aufschub. Kurz vor dem Ende versenkt sich der Dichter psychologisierend in die Gefährten, die ihren Herrn herbeiwünschen, aber auch in Actaeon, der umgekehrt lieber abwesend wäre: eine paradoxe Situation, die schon während der Flucht angedeutet worden war (228). Der eigentliche Schluß ist sehr knapp. Hier deutet das Stichwort *undique* (249) auf Bedrängnissituationen großer epischer Helden hin[45].

Die Strafe vollzieht sich also in zwei Wellen, einer kürzeren, der Verwandlung Actaeons in einen Hirsch, und einer längeren, der Verfolgung und Zerfleischung des Unglücklichen. Die zweite Phase ist durch Aufgliederung in Stufen besonders lang und spannend gestaltet; das Ende tritt dann doch überraschend plötzlich ein.

Verweilen wir bei der Rolle der Göttin in der Erzählung! Diana erscheint in der Exposition (156) bei der Ortsbeschreibung, in der Mitte der Erzählung (180 und 185) und am Ende (252). Die Göttin steht nicht nur im Zentrum der Nymphengruppe, die sie umdrängt, sondern auch im Mittelpunkt der Geschichte. Am Anfang hat Diana das Beiwort *succincta:* Das hochgeschürzte Gewand paßt zum Wesen Dianas als der göttlichen Jägerin (hier wird funktional aus dem Mythos ausgewählt: Diana heißt hier *succincta*, nicht etwa *Phoebe*). In dem Augenblick, als sie an Actaeon Rache übt, werden ihre Waffen erwähnt, die Pfeile. Die Badende hat sie nicht zur Hand, sie ersetzt sie durch Wasser. Am Ende der Erzählung heißt sie *pharetrata*, ‚die Köchertragende‘ (252). In Verbindung mit Actaeons zahlreichen Wunden ist die Erwähnung des Köchers, der viele Pfeile enthält, sinnvoll. Diana hat sich nicht nur des Wassers, sondern auch der Hunde wie einer Waffe bedient.

Das Verhalten gegenüber Actaeon wird als Rache bezeichnet (*ultricibus undis*, 190); dahinter steht der göttliche Zorn (*ira*, 252). Dieses wichtige Thema bestimmt auch die weitere Umgebung unserer Erzählung, vgl. z. B. unmittelbar anschließend Junos zornigen Haß auf Semele (3,259), Tiresias (3,333 ff.) und Echo (3,362 ff.), das strafende Eingreifen der Nemesis in das Leben des Narcissus (3,406), Bacchus' Rache an Pentheus (3,701 ff.) und den Minyaden (4,389 ff.) und wiederum Junos Walten in der Erzählung von Ino (4,426 ff.). Auch Cadmus ist hier zu nennen (s. o.). In Buch 5 und 6 wird sich das The-

---

45 Vgl. M. v. Albrecht: Römische Poesie. Texte und Interpretationen, Heidelberg 1977, Kap. 1: ‚Der Held in Bedrängnis‘.

ma ‚Götterzorn' fortsetzen (vgl. die Interpretation der Erzählungen von den lykischen Bauern und von Niobe).

Der Affekt der Göttin (Scham und Zorn) kommt physiognomisch zum Ausdruck; das Erröten wird in dem schon erwähnten Gleichnis verdeutlicht, das an die Arachne-Erzählung erinnert (6,45). Während dort das Transitorische unterstrichen ist, hebt Ovid hier das glühende Rot hervor, um die Intensität des Affekts sichtbar werden zu lassen, der die Wende, Actaeons Bestrafung, herbeiführt.

Die Handlungsweise der Göttin spiegelt Ovid abschließend in der Beurteilung durch verschiedene Menschengruppen: Die einen halten Diana für übermäßig grausam, andere loben ihr Verhalten und sagen, es passe zu ihrer strengen Jungfräulichkeit (253—255). Es handelt sich hier nicht um eine leere Übergangsformel. Der Dichter greift vielmehr auf das Zentrum der Erzählung zurück, wo Dianas *virginitas* durch ihre Körperhaltung betont worden war (186 ff.). Ovid läßt die Bewertung von Dianas Tat offen (255). Juno freilich (so fährt er fort) freut sich am Unglück des ihr verhaßten Geschlechts des Cadmus und trägt weiterhin dazu bei (wie die folgende Geschichte von Semele beweisen wird).

Überhaupt steht die Macht der Götter stärker im Mittelpunkt als ihre Güte (letztere Eigenschaft kommt heidnischen Göttern nicht unbedingt zu). Man glaubte nicht mehr buchstäblich an die Mythen; Ovids Götter ähneln oft mächtigen Menschen. Diese Ähnlichkeit ist vom Dichter beabsichtigt, der weniger eine theologische als eine anthropologische und soziale Aussage machen möchte. Der Mythos liefert ihm hierfür die typischen Gestalten und Situationen, denen der Dichter einen allgemein menschlichen Sinn gibt.

Ovid hütet sich also sehr wohl, eindeutig für die keusche Diana Partei zu ergreifen. Dagegen bringt er für das Opfer, Actaeon, ein Maximum an Verständnis auf. Weit entfernt, ein Mensch zu sein, der sich gegen die Götter auflehnt, ist der Held in der ganzen Erzählung ein von überirdischen Mächten Getriebener, ein Leidender. Das Schicksal ereilt ihn in dem Augenblick, als er seine Aktivität einstellen will. Er ist kein maßloser, blutgieriger Jäger, der einen Tod wie den Actaeons vielleicht eher verdient hätte, sondern er ist schon nach einem halben Tag mit der Beute zufrieden. Auch ist er nicht schuld daran, daß er etwas gesehen hat, was menschlichen Augen verborgen bleiben sollte. Es ist eigentümlich, daß das Motiv des Sehens in unserer Erzählung zweimal wiederkehrt: Erst sieht Actaeon die Göttin nackt, dann sieht er sich selbst in einer Quelle als Tier. Man könnte sagen, daß der Anblick übermenschlicher Vollkommenheit zum hoffnungslosen Leiden an der eigenen Unvollkommenheit führt. Aber Ovid spinnt weniger diesen Gedanken aus als vielmehr die Umkehrung des Verhältnisses zwischen Actaeon und seinem Gefolge. Rückblickend erkennen wir, daß die Einleitung in diesem Sinne eine kontrastbildende Funktion hat. Die blutige Jagd, die vorüber zu sein schien, wird in unerwarteter Weise wieder beginnen (Actaeons erste Worte handeln nicht zufällig von Blut, das auch das Schlußbild bestimmen wird). Gebietet Actaeon hier seinen Gefährten Einhalt, so wird ihm dies am Ende nicht gelingen. Eine weitere Vorankündigung liegt in seinen Worten: „Beim nächsten

Morgenrot werden wir wieder an unser Waidwerk gehen." Der Name Aurora
(150) wird bei Dianas zornigem Erröten wiederkehren (184). So sagt Actaeon
ungewollt sein eigenes Schicksal voraus. Die rote Farbe symbolisiert in Verbindung mit der Vorstellung des Blutes und der Morgenröte den Zusammenhang zwischen Anfang, Mitte und Ende der Geschichte.

Der Kontrast zwischen der Welt der Göttin und der Welt des Menschen wird
deutlich, wenn man die Badeszene mit der Jagdszene vergleicht. Hier die Aufzählung der Nymphen, die den Leib der Göttin mit Wasser besprengen, dort
die Aufzählung der Hunde, die Actaeons Körper zerfleischen werden.

Die Brücke zwischen beiden schlägt die magische Handlung, bei der die Göttin Actaeon mit Wasser bespritzt. In Dianas Händen ersetzt dieses Wasser
(was Ovid ausdrücklich hervorhebt, 188) die Pfeile; von der abschließenden
Erwähnung der Wunden Actaeons und des Köchers der Göttin war bereits
die Rede. Was für die Göttin als Spiel begann, wird für den Menschen tödlicher Ernst.

Das Wasser der kristallklaren Quelle, die der Göttin als idyllischer Badeplatz
dient, wird für Actaeon verhängnisvoll: Wassertropfen verwandeln ihn in
einen Hirsch, und in einer Wasserquelle sieht er entsetzt seine Tiergestalt ge-
spiegelt.

Actaeons Metamorphose gehört einem anderen Typus an als z. B. diejenige
der lykischen Bauern. Während dort die Tiergestalt eine spezifische Verhaltensweise verewigt, liegt hier umgekehrt eine Entfremdung zwischen der Person und ihrer Gestalt vor, eine Phasenverschiebung zwischen Bewußtsein und
realer Aktionsmöglichkeit.

Was einzelne Kunstmittel betrifft, so ist neben den bereits erwähnten Techni-
ken (Gleichnis, Katalog, retardierende Momente, Ortsbeschreibung und fortschreitende Verengung der Perspektive, Aufgliederung einer Erzählung in Stufen und Beschleunigung am Ende) besonders die Schilderung der Verwandlung hervorzuheben, die hier durch Anapher belebt ist (*dat ... dat,* 194 f.; *cum
... cum,* 196), wobei Alliterationen hinzukommen (*dat sparso capiti ... dat spa-
tium collo*), das Wortspiel (*velat ... vellere*) und das Nebeneinander der Gegensätze (*pedibusque manus,* 196). Als besonders ausdrucksstarkes Verb ist *ca-
cuminat* hervorzuheben ("versieht" — die Ohren — "mit einer Spitze"). Ovid
scheut sich nicht vor Verben, die ganz spezielle Vorgänge genau bezeichnen.
Seine Sprache ist ebenso visuell wie motorisch; das kommt bei einem vom
Substantiv abgeleiteten Verb wie *cacuminare* (von *cacumen*) deutlich zum
Ausdruck.

Für die Verbindung von visueller und motorischer Darstellungsweise sind immer wieder Gebärden charakteristisch, die oft äußerst ausdrucksstark sind.
Wir sahen, daß Dianas Wesen aus der Körperhaltung spricht, die sie ganz in-
stinktiv einnimmt, als Actaeon sie überrascht; ähnlich bringt der in einen
Hirsch verwandelte Actaeon sein Flehen gebärdenhaft zum Ausdruck (241).

Als dichterisches Mittel sind auch die kurzen, prägnanten Reden zu beachten:
so Dianas hämische Worte, mit denen sie den Verwandlungsakt begleitet
(192 f.): „Du darfst erzählen, daß du mich ohne Kleider gesehen hast, sofern
du es kannst." Die Einschränkung oder *correctio* mit *si* ist eine bei Ovid be-

sonders beliebte Figur. Die längste Rede ist diejenige Actaeons in der Einleitung. Äußerlich scheint sie sich in Einzelheiten zu verlieren; in Wahrheit ist sie, wie wir bereits gesehen haben, von tragischer Ironie erfüllt und bereitet indirekt das künftige Geschehen vor. Actaeon wird zuerst ausführlich als Redender eingeführt; dann nimmt ihm Diana die Fähigkeit des Sprechens; schließlich werden nur noch die kurzen Sätze zitiert, die er gerne sagen möchte, ohne es zu können (230; vgl. 201). Nichts ist rührender als diese gedachten Reden; dokumentieren sie doch den schmerzhaften Widerspruch zwischen Idee und Wirklichkeit, zwischen dem fortdauernden menschlichen Bewußtsein und der fremden Tiergestalt, zwischen dem Willen zur Mitteilung und der tatsächlichen Unmöglichkeit einer Kommunikation. Hierzu wäre als Paralleltext die Geschichte von Io heranzuziehen (1,635—644) und, gegebenenfalls in Zusammenarbeit mit einem germanistischen Kollegen, Kafkas Erzählung ‚Die Verwandlung‘. Die Erfahrung, daß ein von mächtigen Personen Bestrafter von seinen eigenen Dienern nicht mehr anerkannt, ja geradezu überhaupt nicht mehr gekannt wird, ist allgemein menschlich; sie war in der Zeit der späten Republik und des Prinzipats vielen Römern vertraut. Ovids feine psychologische Studie des ohne eigenes Verschulden Verfemten konnte mit aufmerksamen und betroffenen Lesern rechnen.


## Literatur

Th. Döscher: Ovidius narrans. Studien zur Erzählkunst Ovids in den Metamorphosen, Diss. Heidelberg 1971, S. 86—145.
B. Otis: Ovid as an epic poet, Cambridge 1966 (z. B. S. 133 ff.; 367 ff.).

# Text 5:     Narcissus und Echo (3,339—510)

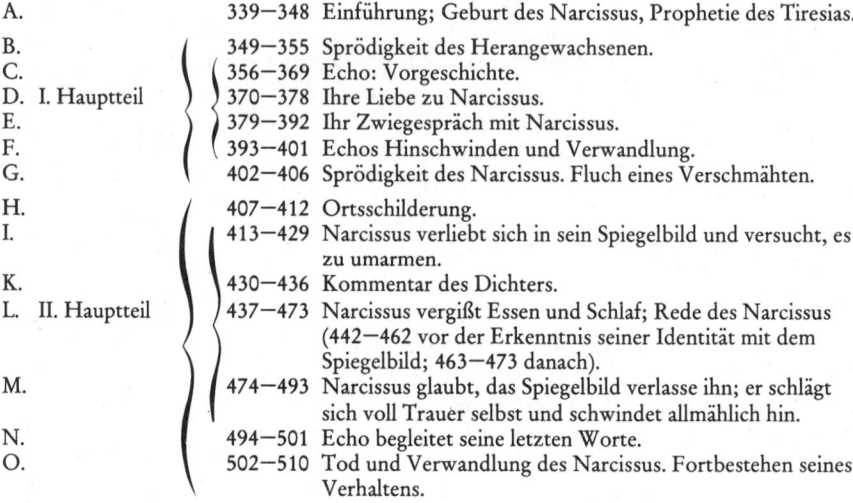
Äußerlich ist die Narcissuserzählung mit ihrer Umgebung — dem thebanischen Sagenkreis — durch die Gestalt des Sehers Tiresias verbunden, der in der kurzen vorausgehenden Episode (316—338) als Schiedsrichter zwischen Jupiter und Juno fungiert. Er hat einmal eine Geschlechtsverwandlung durchgemacht, so daß er den Göttern die heikle Frage beantworten kann, ob in der Liebe der Mann oder die Frau den größeren Genuß hat. (Dieses sexuelle Problem spielt für Ovid hier nur eine Nebenrolle[46]; für ihn steht in der Tiresiasgeschichte ein psychologisch-thematischer Aspekt im Vordergrund, auf den wir sogleich zu sprechen kommen werden. Denselben entschiedenen Vorrang des Psychologischen vor dem rein Sexuellen beobachten wir auch in der Narcissuserzählung.) Auch in der anschließenden Pentheusgeschichte spielt Tiresias eine Rolle, diesmal als Warner.

Eine innere Verbindung zwischen den drei genannten benachbarten Erzählungen (und auch der Actaeongeschichte) ist das Thema ‚Sehen und Blindheit‘. Tiresias wird von Juno des Augenlichts beraubt und erhält dafür von Jupiter die Sehergabe (333—338). Pentheus verspottet Tiresias wegen seiner Blindheit (515), und der Seher antwortet ihm: „Wie glücklich wärest du, wenn auch du

---

[46] Gerade die Verwendung dieses Themas als nebensächliche Pointe ist schon eine spätzeitliche Umakzentuierung. Dasselbe Thema füllt im Bereich der indischen Märchen eine ganze Erzählung aus, wobei das Erotische nicht einziger Gegenstand ist, sondern es auch um die psychische Liebesfähigkeit überhaupt geht („Bhangāswana", in: Indische Märchen, Frankfurt am Main 1970).

blind wärest und die Bacchusmysterien nicht zu Gesicht bekämest." Wie Actaeon hat Pentheus das Unglück, etwas angesehen zu haben, das nicht für seine Augen bestimmt ist.

In diesen Zusammenhang fügt sich die Narcissusgeschichte aufs beste ein: Auf die Frage der Mutter des Narcissus, ob ihrem Sohn ein langes Leben beschieden sei, antwortet Tiresias: „Wenn er sich nicht selbst erkennt." Das Grundproblem der Erzählung ist durch den Spruch des Sehers angedeutet. Daß es sich beim ‚Erkennen' genau genommen um ein *Sehen* handelt, entspricht der thematischen Verankerung im Kontext des dritten Buches. (Der eigentliche Sinn der Worte des Tiresias wird erst beim zweiten Lesen klar — ein bezeichnender Zug von Ovids Technik der allmählichen Enthüllung, seiner Kunst des Andeutens.) Ein weiteres wichtiges Motiv ist die Schönheit, die Narcissus offenbar von seiner Mutter erbt (vgl. 344 f.) und die wohl identisch ist mit der „Eigenschaft, geliebt zu werden" (345). Das Passiv (*amari*) bedeutet eine Weichenstellung: Die Gabe, andere zu lieben, hat Narcissus nicht, und das wird bestimmend für sein Schicksal. Vielleicht ist es auch mehr als nur Zufall, daß Narcissus seine Entstehung einer ganz einseitigen Liebe verdankt. Seiner Mutter Liriope wurde Gewalt angetan; sie wurde wegen ihrer Schönheit geliebt, ohne selbst zu lieben. So zeichnet bereits die Einleitung (339—348) das Gesetz auf, unter dem der Held seinen Lebensweg antritt.

Im folgenden Abschnitt (349—355) bestätigt sich, was in Vers 345 angedeutet wurde. Viele verlieben sich in Narcissus, der inzwischen fünfzehn Jahre alt geworden ist, aber niemand kann ihn erobern. Als entscheidende Eigenschaft wird *superbia* genannt (354); den Kontrast dieses Verhaltens zur Schönheit unterstreichen die Adjektive: *tenera forma* — *dura superbia*. Den Gegensatz zwischen Anziehungskraft und Sprödigkeit veranschaulicht der Gleichklang der Verse 353 und 355, die geistvoll eine Catullstelle (62, 42—44) variieren. Das Zitat wirkt hier nicht als Fremdkörper, sondern es veranschaulicht durch die Gegenüberstellung mit seiner Abwandlung das ovidische Grundthema: Narcissus wird von vielen geliebt, ist aber unfähig, selbst zu lieben.

Damit ist die Echoerzählung vorbereitet (356—401). Die Einführung (356—369) zeigt Echo als ein Wesen, das nur auf andere zu reagieren vermag; Juno hat ihr die Fähigkeit zu selbständiger Rede genommen, da die Nymphe die Himmelskönigin durch lange Reden hinzuhalten pflegte, solange sich Jupiter mit anderen Nymphen vergnügte. Während Narcissus nicht in der Lage ist zu reagieren, ist Echo dazu verdammt, nur reagieren zu können.

Der zweite Abschnitt (370—378) nimmt kurz die Eingangssituation des ersten wieder auf. Echo erblickt den Jüngling auf der Jagd, verliebt sich in ihn, und je länger sie ihn verfolgt, desto heftiger wird ihre Leidenschaft. Ein Gleichnis unterstreicht diese Steigerung (373 f.). Der letzte Satz (375—378) bildet das Scharnier zum dritten Teil der Erzählung (379—391). Echo möchte Narcissus gerne ansprechen, aber sie kann es nicht. Die Echowirkungen lassen ein Liebesgespräch entstehen. Zunächst wiederholt Echo die Rufe des Narcissus; am Ende aber verkehrt sie durch Weglassung des Vordersatzes seine zurückweisenden Worte in eine Liebeserklärung (391 f.). Narcissus spricht sein eigenes Urteil: „Ich will eher sterben, als daß du über mich Macht bekommst." Er denkt nicht in Kategorien der Liebe, sondern der Macht. Nicht umsonst war *superbia* als eine Grundeigenschaft des Helden hervorgehoben worden (354).

Echos Verwandlung (393—401) ist ein Hinschwinden durch Liebe, deren Qual durch die Zurückweisung gesteigert wird. Der „Körpersaft" (*sucus*), d. h. der Träger der Vitalität, schwindet dahin; nur die Stimme und die Knochen, die sich in Felsen verwandeln, bleiben übrig. Ovid ist sichtlich bemüht, die Verwandlung physikalisch plausibel zu machen: Verflüchtigung des Wässerigen, d. h. des Lebenselementes, ins Luftartige (daher 401: *sonus est, qui vivit in illa*) bei gleichzeitiger Versteinerung des Festen. Entscheidend ist die Ursache der Metamorphose: unerfüllte Liebe.

Wenige Verse (402—406) leiten zum Los des Narcissus über. Echo war nur ein Einzelfall. Einer der vielen Zurückgewiesenen wünscht auf den Spröden das gleiche Schicksal herab (405), und die Göttin der Gerechtigkeit erhört ihn. Nach dem Prinzip der Talio (*talis — qualis*) erleidet der Schuldige, was er anderen angetan hat. Diese Verse bilden einen Wendepunkt.

Der zweite Hauptteil schildert, wie Narcissus selbst an unerfüllter Liebe zugrunde geht.

Das Unberührte und Ungetrübte der Quelle (407—412), an der sich Narcissus niederläßt, paßt zum Wesen des Helden. Von vornherein entsteht die Atmosphäre einer etwas unwirklichen, ‚keimfreien‘ Ästhetik. Zu dieser Stimmung paßt die Kühle (412).

Im folgenden Abschnitt (413—429) sehen wir Narcissus, von der Jagd erhitzt, an die Quelle kommen; beim Trinken verliebt er sich in sein Spiegelbild. Der Kontrast von Hitze und Kühle ist ebenso beabsichtigt, wie die Parallelisierung von Durst und Begierde durch Verwendung desselben Wortes (*sitis*, 415). Das Objekt der Liebe ist irreal (vgl. *imagine*, 416, *spem sine corpore*, 417, *putat*, 417). Der Eindruck des Künstlichen verstärkt sich durch den Vergleich mit einer Statue aus parischem Marmor (419; vgl. auch das Elfenbein, 422), mit den (als Bildwerke vorgestellten) Göttern Bacchus und Apollo (421). Vordergründig soll dadurch die Unbeweglichkeit (*immotus*, 418) veranschaulicht werden. Die Vorstellung der Schönheit schwingt jedoch mit, und die Einzelschilderung (Augen, Haar, Wangen, Schultern ...) vergegenwärtigt intensiv die Schönheit des Narcissus. Die Metapher „Augensterne" (420) erinnert an die Sprache der Erotik. Bedeutsam ist die dramatische Rolle der Hautfarbe: Zu Beginn ist es eine Mischung von Weiß und Rot (423); dann schlägt er sich an die Brust, worauf sich diese rosig färbt (482); schließlich erblaßt er (491): die Mischung von Weiß und Rot ist bei dem dahinwelkenden Narcissus nicht mehr festzustellen. So spiegelt der Wandel der Farbe die Wirkung einer Leidenschaft, die ihr eigenes Objekt zerstört.

Es kommt hinzu, daß dieses Objekt mit dem Subjekt identisch ist. Sprachlich findet dies im Spiel mit Aktiv und Passiv seinen Niederschlag (Muster: *qui probat, ipse probatur*, 425; ähnlich *petit/petitur*, 426; *accendit/ardet*, 426; vgl. *cunctaque miratur, quibus est mirabilis ipse*, 424). Von zentraler Bedeutung ist das Verb *videre* (in Verbindung mit seinen Synonymen), so schon in Vers 416 *visae*, dann *spectat* (420) und *miratur* (424), das den Übergang zu *cupit* (425) bildet. Ein Crescendo führt von der Bewunderung (424) über die Begierde

(425 f.: Feuermetapher!) bis hin zur Gebärde. Küsse (427) und Umarmungen (428) gehen ins Leere; aber noch erkennt Narcissus nicht, daß es sich um sein eigenes Spiegelbild handelt.

Das Problem des Sehens im Verhältnis zum Erkennen tritt im folgenden Unterabschnitt deutlicher hervor (430—436). Wichtig sind wiederum die Stichworte *videre* (430 zweimal), *oculos* (431). Stärker akzentuiert wird nun das Element der Täuschung (*nescit*, 430; *decipit*, 431; *error*, 431; *simulacra*, 432; *imaginis umbra*, 434). Ovid redet den Helden an — entgegen epischem Brauch, der vom Autor ‚Objektivität‘ und Zurückhaltung verlangt (432 ff.). Hermann Fränkel[47] vergleicht den Dichter mit einem aufgeregten Kind im Theater, das den Helden auf der Bühne laut warnt. Angemessener läßt sich die Apostrophe wohl als Ausdruck affektiver Anteilnahme am Geschehen, als kontemplativer Kommentar halb lyrischen Charakters beschreiben.

Auf die vergeblichen Gebärden folgt der Verzicht auf Essen und Schlaf und schließlich der pathetische Monolog (437—473). Vorher wird nochmals auf das Motiv des Sehens und auf dessen verhängnisvolle Wirkung hingewiesen (*spectat*, 439, *perque oculos perit ipse suos*, 440).

Die Rede des Narcissus zerfällt in zwei Teile. Die erste Hälfte wird noch in Unkenntnis der eigenen Identität mit dem Geliebten gesprochen (442—462). Die Anrede an die Wälder (ein Topos der erotischen Dichtung) geht allmählich über in eine Zwiesprache mit dem eigenen Spiegelbild. Formal erinnert hier folgendes an die Echoszene: Die Verse 451 f. malen in ihrer Parallelität die gleichartige Bewegung des Knaben und seines Spiegelbildes; man beachte die Wortwiederholungen in Vers 458 ff. (*porrexi/porrigis; risi/adrides; lacrimas/lacrimante*).

Bei der Beobachtung der Mundbewegungen des Spiegelbildes erkennt Narcissus plötzlich dessen wahre Identität. Eigentümlich ist seine Feststellung *nec me mea fallit imago* (463). Woher kennt er sein Spiegelbild? Und wieso täuscht es ihn gerade jetzt nicht mehr? Will man Ovid keine Flüchtigkeit zutrauen, so muß man verstehen: „Und mein Spiegelbild täuscht mich nicht länger.“ (So Suchier; ähnlich Rösch: „Ich erkenne! Mein eigenes Bild ist’s!“; unklar Breitenbach: „Mein Bild ist mir deutlich!“)[48]. In diesem Schlußteil der Rede setzt nun auf neuer Stufe das Spiel von Aktiv und Passiv ein (vgl. 425 f.), jetzt in der ersten Person, wodurch der Fortschritt der Erkenntnis deutlich wird. Eine weitere Steigerung entsteht durch die Häufung der Paradoxien und Oxymora (466—468).

Die Rede endet elegisch mit der Klage über das Hinschwinden der Kräfte, den vorzeitigen Tod, mit dem hier reichlich absurden Wunsch, der Geliebte möge den Liebenden überleben, und dem in der Liebesdichtung ebenfalls topischen Verlangen, mit dem Geliebten gemeinsam zu sterben. Von Wahnsinn ist ausdrücklich in Vers 474 die Rede (*male sanus*, vgl. *novitas furoris*, 350).

---

47 H. Fränkel: Ovid. A poet between two worlds, Berkeley/Los Angeles 1945 (dt. Übers.: Ovid. Ein Dichter zwischen zwei Welten, Darmstadt 1970).
48 Vgl. die in der Allg. Bibliographie aufgeführten Übersetzungen.

Der Schluß des Monologs ist mit seinen Absurditäten wohl als Ausdruck dieses Wahnsinns zu verstehen.

Der gegen Ende der Rede bereits vorbereitete Kräfteverfall des Narcissus wird von Ovid folgendermaßen dramatisch in Szene gesetzt: Die Tränen des Knaben trüben das Wasser. So entsteht ein Gegensatz zur vollkommenen Klarheit der Quelle am Anfang. Die Ursache der Trübung liegt in Narcissus selbst! Die Gestalt des Geliebten verschwindet, so daß Narcissus ihn verzweifelt auffordert zu bleiben und sich voll Trauer an die Brust schlägt. Die Färbung der geschlagenen Stellen veranschaulicht ein Doppelvergleich. Der Anblick des eigenen Spiegelbildes versetzt Narcissus in einen Paroxysmus, der ihn hinschmelzen läßt wie Wachs am Feuer oder wie Rauhreif in der Sonne (eine steigernde Fortführung des eingangs erwähnten Kontrastes von Hitze und Kühle). Die Häufung der Vergleiche zeigt, daß Ovid dieser Stelle besonderes Gewicht beimißt; dient sie doch der Vorbereitung der nun folgenden Verwandlung. Farbe, Kraft und Körper schwinden hin (491–493); man fühlt sich an Echo erinnert, deren Metamorphose ähnlich motiviert worden war. Ovid selbst unterstreicht zunächst nicht diese Parallele, sondern läßt Echo die Weherufe und das letzte Abschiedswort des Geliebten wiederholen (495–501).

Der Schlußteil (502–510) schildert kurz den Tod des Narcissus und die Trauer der Nymphen um ihn. Noch im Sterben und sogar im Jenseits bleibt sich Narcissus gleich: Er blickt nur auf sein Spiegelbild, und Echo kann auch jetzt nur die Klagerufe der anderen Nymphen wiederholen. Der Leichnam verschwindet; an seiner Stelle erblüht eine gelbweiße Blume.

Narcissus stirbt wie Echo an unerfüllbarer Liebe. Die leidenschaftliche Selbstliebe des Narcissus ist die Strafe für seinen Hochmut, mit dem er die Liebe anderer Menschen zurückweist. Insofern sind die beiden Hauptteile (349–406 und 407–510) symmetrisch aufeinander bezogen.

Daß Narcissus und Echo nicht zusammenkommen können, ist durch die gegensätzliche Prägung ihres Wesens bedingt: Er kann nur geliebt werden, aber nicht andere Menschen lieben; sie kann nur antworten, reagieren. Die Wesensart beider ist unverrückbar. Echos Schicksal ist durch Juno, das des Narcissus durch seine Geburt und den Seherspruch festgelegt. Am Rande erscheint auch hier wieder das Problem der Mitbedingtheit des Charakters durch die Eltern (vgl. die Phaëthonerzählung).

Wichtiger ist das Thema ‚Sehen und Blindheit‘. Narcissus sieht, aber eben dieses Sehen führt zu einer verhängnisvollen Verblendung. Selbst nachdem er diese Verblendung durchschaut hat, kann er sich von ihr nicht mehr befreien. Die Ambivalenz von Sehen und Blindheit tritt uns in dem blinden Seher Tiresias vor Augen. Narcissus ist zwar ein Sehender, aber ein Verirrter, ja ein Wahnsinniger.

Ein wichtiger Aspekt ist die Verdeutlichung der Komplexität des Daseins durch systematische Auswertung sprachlicher Sachverhalte (z. B. Aktiv und Passiv). Nach Ovid ist der Mensch an seinem Unglück zwar vielfach selbst schuld; doch ist Narcissus' Veranlagung weitgehend schon festgelegt, bevor er sich frei entscheiden kann; so liegt hier auch keine Charakterentwicklung vor; es wird Konstantes enthüllt.

# Literatur

A. Borghini: L'inganno della sintassi: il mito ovidiano di Narciso (*met.* 3,339—510), in: Materiali e discussioni per l'analisi dei testi classici 1, 1978, S. 177—192.

H. Cancik: Spiegel der Erkenntnis (Zu Ovid, *met.* 3,339—510), in: Der altsprachliche Unterricht 10,1, 1967, S. 42—53.

H. Dörrie: Echo und Narcissus, in: Der altsprachliche Unterricht 10,1, 1967, S. 54—75.

A. H. F. Griffin: Ovid's 'Metamorphoses', in: Greece and Rome 24, 1977, S. 57—70 (bes. S. 63—65).

H. Haege: Terminologie und Typologie des Verwandlungsvorgangs in den ‚Metamorphosen' Ovids, Göppingen 1976, bes. S. 4—47.

K. Hilbert: Der gespaltene Narziß, in: G. Dietz/K. Hilbert: Phaethon und Narziß bei Ovid, Heidelberg 1970, S. 47—80.

E. Lefèvre: Die Bedeutung des Paradoxen in der römischen Literatur der frühen Kaiserzeit, in: Poetica 3, 1970, S. 59—82 (bes. S. 64—69).

B. Manuwald: Narcissus bei Konon und Ovid (Zu Ovid *met.* 3, 339—510), in: Hermes 103, 1975, S. 349—372.

J. J. M. Meijers: Narcissus, in: Hermeneus 40, 1969, S. 357—360.

G. Rosati: Narciso o l'illusione dissolta (Ovidio, *met.* 3, 339—510), in: Maia 28, 1976, S. 83—108.

J. Schickel: Narziß. Zu Versen von Ovid, in: Antaios 3, 1962, S. 486—496 (jetzt in: Ders.: Spiegelbilder. Sappho, Ovid; Wittgenstein, Canetti; Marx, Piranesi. Interpretationen, Stuttgart 1975).

V. Skinner: Ovid's Narcissus. An analysis, in: Classical Bulletin 41, 1965, S. 59—61.

B. E. Stirrup: Ovid's narrative technique: a study in duality, in: Latomus 35, 1976, S. 97—107 (bes. S. 97—103).

L. Vinge: The Narcissus theme in Western European literature up to the early 19th century, Lund 1967.

P. Zanker: *Iste ego sum.* Der naive und der bewußte Narziß, in: Bonner Jahrbücher 166, 1966, S. 152—170.

---

# Text 6: Pyramus und Thisbe (4,55—166)

## Übersicht

A. 55— 64 Einführung der beiden Hauptgestalten und ihrer Liebe.

B. 65— 80 Gespräch durch die Mauerritze.

C. 81— 92 Verabredung der Liebenden.

D. 93—104 Thisbe und die Löwin.

E. 105—127 Irrtum und Selbstmord des Pyramus.

F. 128—166 Rückkehr und Selbstmord Thisbes.

Die Erzählung von Pyramus und Thisbe bildet eine Einlage. Sie ist eine der Geschichten, die sich die Minyastöchter bei der Arbeit erzählen. Die Thematik der eingelegten Mythen ist durchweg erotisch (Pyramus und Thisbe, Mars und Venus, Leucothoe, Clytie, Salmacis). Die Minyastöchter werden von Bacchus dafür gestraft, daß sie seinen Festtag durch Arbeit entweihen. So ist der

Zusammenhang mit dem Schluß des dritten Buches, der Bestrafung des Pentheus durch denselben Gott, hergestellt. Junos Rache an Ino folgt hierauf als Pendant zu der Semele- und der Actaeongeschichte, worauf mit der Verwandlung des Cadmus und der Harmonia der im dritten Buch begonnene Cadmuszyklus seinen Abschluß findet.

Die Geschichte von Pyramus und Thisbe ist in ihrem Buch die erste und romantischste einer Reihe von Liebeserzählungen. Der Stoff ist orientalisch; Ovid hat auch sonst gelegentlich babylonische Sagen verwendet, so die Verwandlung der Dercetis in einen Fisch (4,44 ff.).

In der Einführung betont die Wortstellung die enge Zusammengehörigkeit der Liebenden: Am Anfang stehen die beiden Namen überschriftartig nebeneinander (55), es folgt ein Chiasmus: *iuvenum pulcherrimus alter / altera...praelata puellis.* Pyramus und Thisbe wohnen in benachbarten Häusern, und zwar in Babylon, der von der Königin Semiramis aus Lehmziegeln erbauten Stadt. Die besondere Schönheit beider, die am Anfang durch so auffällige Stilmittel hervorgehoben wird, läßt beide füreinander bestimmt erscheinen; die Tatsache, daß sie Nachbarn sind, erlaubt ein Kennenlernen und erste Schritte der Annäherung (59); mit der Zeit wächst die Liebe (60); eine Heirat verbieten die Väter (61), aber die Liebe steigert sich bis zum Wahnsinn (*captis ardebant mentibus,* 62). Das Fehlen eines Mitwissers, die Notwendigkeit, sich nur durch Zeichen zu verständigen und die Zuneigung zu verbergen: all dies verstärkt nur die Leidenschaft. So hat Ovid in zehn Versen in einem kontinuierlichen Crescendo die allmähliche Entwicklung der Liebe dargestellt. Die Steigerung wird stilistisch durch weiterführende Wiederaufnahme von Wörtern unterstrichen: *sed vetuere patres; quod non potuere vetare...*(61); vgl. auch *quoque magis tegitur, tectus magis aestuat ignis* (64).

Der folgende Abschnitt (66—80) ist eine in sich geschlossene Einzelszene. Den Ort der Handlung kennzeichnet die gemeinsame Wand der beiden benachbarten Häuser (65 ff.). Vor Pyramus und Thisbe hatte keiner je den Riß im Mauerwerk beachtet. Doch Liebe macht sehend. So wird auch hier alles auf das Thema *amor* bezogen. Man beachte besonders Vers 68: *quid non sentit amor? primi vidistis amantes.* Wieder hat der Chiasmus symbolische Bedeutung: *Hinc Thisbe, Pyramus illinc* (71). Die Anrede an die Wand ist eine reizvolle Mischung aus Vorwurf und Dankbarkeit. Die Mauer hindert die Liebenden, sich zu vereinigen, aber sie ermöglicht es ihnen wenigstens, miteinander zu sprechen (73—77). Die Personifikation wird durch die Anrede und durch das affektische Adjektiv *invidus* (73) verstärkt (von hier zur Darstellung der Wand durch einen Schauspieler bei Shakespeare ist nur noch ein Schritt). Der Wunsch der Liebenden nach körperlicher Nähe (*ut sineres toto nos corpore iungi,* 74) entbehrt nicht der tragischen Ironie; soll er doch am Ende der Erzählung in trauriger Weise erfüllt werden: Die Asche beider wird in *einer* Urne ruhen (166). Das Gespräch durch die Ritze endet mit einem rührenden Gutenachtkuß durch die Wand.

Das Stichwort *amantibus* kehrt in Vers 73 wieder. Die Einzelszene hat die Funktion, die Stärke des Affekts an einem konkreten Beispiel zu veranschaulichen.

Der folgende Abschnitt (81—92) spielt am nächsten Morgen: Die Liebenden vereinbaren, sich in der folgenden Nacht am Grabe des Ninus unter einem Maulbeerbaum zu treffen. Die psychologische Beobachtung, daß der Tag für die Liebenden unerträglich langsam verstreicht, kombiniert Ovid mit dem Heraufdämmern der Nacht zu einem Szenenwechsel in chiastischer Form: *et lux tarde discedere visa / praecipitatur aquis et aquis nox exit ab isdem* (91 f.). Der Wechsel von Licht und Finsternis erscheint somit als lebendige Bewegung.

Asyndetisch setzt die nächste Handlungsphase ein (93—105), Thisbe macht sich unverzüglich auf den Weg (93 ff.). Wieder fällt das Stichwort *amor: audacem faciebat amor* (96). Auf der Flucht vor einer Löwin verliert sie ihren Mantel, den das Tier mit seinem blutigen Maul befleckt. Dabei hat die Dramaturgie den Vorrang vor dem Realismus: Ovid kümmert sich nicht darum, daß das Maul der Löwin, die soeben an der Quelle reichlich Wasser getrunken hat, keine nennenswerten Blutspuren mehr aufweisen kann; er muß den Trunk an der Quelle einschieben, damit Thisbe genügend Zeit hat, sich in Sicherheit zu bringen. So gewinnt er ein zusätzliches retardierendes Moment, und der Angriff der Löwin auf den Mantel wird zum Endpunkt eines wohlgegliederten Dramas. Psychologische Spannung und Retardierung sind dem Dichter hier wichtiger als äußeres Detail. Immerhin hat er so viel bedacht: Die Löwin muß soeben einige Rinder gerissen haben, also satt sein und lediglich Durst haben, damit es glaubwürdig erscheint, daß sie Thisbe zunächst nicht verfolgt.

Die folgende Szene (105—127) ist etwas umfangreicher; auch sie beginnt wie die vorhergehende asyndetisch. Dadurch erzielt Ovid größere Lebendigkeit. Man beachte die allmähliche Steigerung! Pyramus entdeckt zuerst die Spuren der Löwin und erbleicht, dann findet er den Mantel und hält eine pathetische Rede. Die dritte Stufe: Er trägt Thisbes Mantel zum vereinbarten Platz, küßt ihn und ersticht sich mit dem Schwert. Diese Tat begleiten nur wenige Worte; die längere Rede nach Auffindung des Kleidungsstückes dient als retardierendes Moment. Am eindrucksvollsten ist der Anfang dieser Rede mit der Zusammenstellung der Gegensätze: *una duos* (nämlich: *nox perdet amantes*, 108). Die beiden Vokabeln sind durch das Anführungsverb *inquit* von dem übrigen Satz isoliert. Höchstes Pathos liegt auch in der Anrede an die vermeintlich Tote und in der Aufforderung an die Löwen, Pyramus zu zerfleischen.

Den Selbstmord des Helden veranschaulicht ein Gleichnis, das aus der Sphäre der Technik stammt und auf den ersten Blick etwas unpassend scheint: Das Blut spritzt aus der Wunde wie das Wasser aus einem beschädigten Leitungsrohr (Wasserrohre waren aus Blei). Gedacht ist an eine kleine schadhafte Stelle, aus der das Wasser in feinem Strahl sehr hoch emporspritzt. Ovid benötigt diese Vorstellung hier, weil ja die hoch auf dem Baume befindlichen Früchte durch das Blut verfärbt werden müssen. Von der Sache her paßt der Vergleich ausgezeichnet; geschmacklich bleibt freilich ein Bedenken. Bei Vergil wäre eine so ,niedrige' Vorstellung undenkbar; Ovid kehrt in gewissem Sinne zu der Unvoreingenommenheit Homers zurück, der die griechischen Krieger mit Fliegen am Melkeimer, Aias mit einem störrischen Esel und den schlafenden Odysseus mit einer Bratwurst vergleicht, die hin- und hergewendet wird. Vergleiche aus dem Bereich der Technik verwendet Ovid auch in der Medea-Geschichte; wir werden dort auf das Problem zurückkommen[49].

Der letzte Teil der Erzählung ist der umfangreichste (128—166). Das einleitende *ecce* setzt einen deutlichen Akzent. Thisbe tritt wieder auf. Wir erleben ihre Gedanken und Empfindungen mit und verfolgen Schritt für Schritt den Ablauf ihrer Gefühle. Von der Begegnung mit der Löwin sitzt ihr noch der Schrecken in den Gliedern, doch will sie Pyramus nicht warten lassen (Stichwort: *amantem*, 128). Sie sucht ihn und brennt darauf, von der überstandenen Gefahr zu berichten. Beim Anblick der verfärbten Früchte des Maulbeerbaums zweifelt sie, ob es der richtige Baum ist. Schließlich gewahrt sie den Sterbenden, zunächst, ohne ihn zu erkennen. Das dargestellte innere Geschehen ist deshalb so überzeugend, weil es sich in allen Phasen an bestimmten Empfindungen und Wahrnehmungen orientiert. Indem sich Ovid ganz auf den Gesichtskreis der ahnungslosen Thisbe einstellt (so daß eine Retardierung entsteht), läßt er den Leser Thisbes Erschütterung unmittelbar miterleben. Das Entsetzen kommt gestisch zum Ausdruck: Thisbe tritt einen Schritt zurück; ihr Erbleichen und Schaudern malen zwei Vergleiche aus (die fahle Farbe des Buchsbaumholzes und das Kräuseln des Meeres im Winde). Diese Vergleiche, die kurz nach dem Anfang der neuen Szene stehen, bilden ein Gegenstück zu dem Schlußbild des vorhergehenden Auftritts. Hier bewirken sie eine weitere Retardierung. Den Augenblick des Erkennens ,überspringt‘ ein temporaler Gliedsatz (*sed postquam remorata suos cognovit amores*, 137). Thisbe reagiert sehr rasch. Zunächst zeigen sich ihre Gefühle in immer leidenschaftlicher werdenden Gebärden: Schlagen der Arme, Raufen der Haare, Umarmung, Tränen, Küsse (138—141). Eine Steigerung liegt auch im Übergang vom historischen Präsens (138) zum Perfekt (140—142). Die zwischengeschalteten Partizipien unterstreichen die Zusammengehörigkeit und die rasche Abfolge der Gesten.

Erst in einer zweiten Phase findet Thisbe Worte. Zunächst ist es kaum mehr als der Name des Geliebten, verbunden mit einigen abgerissenen Fragen und Rufen. Auf den langen Satz, der die Gebärden schildert, folgt direkte Rede in naturalistischer Härte und Knappheit; doch selbst hier, im Bereich einfachsten und elementarsten Sprechens, waltet hohe Kunst: Die wiederholten Rufe (*Pyrame! clamavit; Pyrame, responde*, 142 f.) bilden ein Echo von Zeile zu Zeile. Der Vers 143 ist von den Namen Pyramus und Thisbe umrahmt; in der Mitte stehen die sinntragenden Pronomina dicht nebeneinander (*tua te*, 143; *te mihi*, 141).

Auf diesen eindringlichen, auch musikalisch so intensiv geformten Zuruf reagiert Pyramus, indem er seine Augen noch einmal auf das Mädchen richtet, um sie danach für immer zu schließen. Die beiden Verse (145 f.) sind als Widerhall der Worte der Geliebten gestaltet, der Name Thisbe, der soeben gefallen war, ruft den Sterbenden noch einmal für einen Augenblick ins Leben zu-

---

49 Vgl. M. v. Albrecht: Zur Funktion der Gleichnisse in Ovids Metamorphosen, in: H. Görgemanns/E. A. Schmidt (Hrsg.): Studien zum antiken Epos, Meisenheim 1976, S. 280—290. Zum epischen Gleichnis, s. Textausgabe 10 B 2.

rück. Thisbe hatte Pyramus gebeten, sein Gesicht zu ihr zu erheben; Pyramus kann die von ihm verlangte Gebärde nur noch mit den Augen ausführen. Auch dies ein leises Echo auf Thisbes Rede! Die Namen Pyramus und Thisbe stehen jetzt in umgekehrter Reihenfolge.

Doch die große Steigerung hat immer noch nicht ihren Höhepunkt erreicht. Die nächste Stufe beginnt wieder mit einer Wahrnehmung: Die Liebende erkennt ihr Gewand und die leere Scheide von Pyramus' Schwert (147 f.). Jetzt erst begreift sie, daß er Selbstmord verübt hat. Hier erklingt das Hauptmotiv der Erzählung: *amor* (148). Thisbe will Pyramus in der Liebe nicht nachstehen. Wie *amor* sie bei ihrem nächtlichen Gange beflügelte (96), so gibt er ihr jetzt Kraft zum Freitod (150). Liebe und Tod verbinden sich — am engsten 156: *quos certus amor, quos hora novissima iunxit.* „Nur der Tod hätte uns scheiden können, und selbst er soll uns nicht scheiden" (152 f.). Wie die Rede des Pyramus zwei Anreden enthielt (110, 114), so äußert jetzt Thisbe zwei Bitten: Die Eltern mögen den Liebenden wenigstens ein gemeinsames Grab gönnen (vgl. oben zu Vers 74), und der Baum soll zum Andenken an beider Tod stets dunkelfarbige Früchte tragen. Es ist bemerkenswert, daß Thisbe für die hartherzigen Väter ein Wort des Mitleids aufbringt (*o multum miseri*, 155). Dieser Vers greift zurück auf Vers 61 *(sed vetuere patres)*. War doch dieses väterliche Veto der Anfang der ganzen Tragödie gewesen. Die Reden haben durch Aufgreifen und Benennen der Themen eine deutende Funktion. Diese kommt zu ihrer ureigensten Rolle, der dramatischen, hinzu.

Die Verwandlung soll als *monimentum* dienen, als Mittel der Erinnerung. Mit dem Hinweis auf die Früchte des Maulbeerbaumes, die in der Tat dunkelfarben sind, wird der unmittelbare Brückenschlag zur Gegenwart Ovids und seiner Leser möglich. Die Erzählung enthüllt ihren Bezug zur natürlichen Wirklichkeit, ihren aitiologischen Sinn.

Auf diese kunstvolle Steigerung folgt ein knapper Schluß: Thisbe stürzt sich in das Schwert, das noch vom Blute des Pyramus warm ist. Ovid behält die Perspektive seiner Heldin buchstäblich bis zum letzten Augenblick bei. Die letzten drei Verse deuten an, daß die Götter und die Eltern die beiden Wünsche der Sterbenden respektieren: Die reife Frucht des Maulbeerbaumes ist schwarz, und die Liebenden werden gemeinsam bestattet. Die Metamorphose und die Liebe bilden nicht zufällig die Schlußmotive eines Textes, der ganz und gar von *amor* bestimmt ist und auf eine Metamorphose zuläuft.

Abschließend stehe ein Hinweis auf die schwankhafte Behandlung in Shakespeares ‚Sommernachtstraum' und (plumper) Andreas Gryphius' ‚Peter Squenz'. Es wäre zu fragen, welche Ansätze Ovids Erzählung für solche Umgestaltungen bot.

## Literatur

H. Bormann: Ovid, ‚Metamorphosen': Pyramus und Thisbe. Rezitation, begleitet von einem Schattenspiel, in: Der altsprachliche Unterricht 4,1, 1959, S. 92—96.

R. Clade: Menschlicher Wille und göttliche Ordnung. Eine Lektüreeinheit aus Ovids ‚Metamorphosen', in: Der altsprachliche Unterricht 22,3, 1979, S. 39—56.

Th. Depoortere: Het verhaal van Pyramus en Thisbe bij Ovidius (*met.* 4,55—166), in: Kleio 3, 1973, S. 9—24.

F. van Dooren: De logische vertelstructuur van Ovidius' Pyramus en Thisbe, in: Lampas 10, 1977, S. 143—150.

E. Römisch: Metamorphosen Ovids im Unterricht, Heidelberg 1976, S. 108—125 (dort auch Hinweise auf Darstellungen in der bildenden Kunst).

F. Schmitt-v. Mühlenfels: Pyramus und Thisbe. Rezeptionstypen eines ovidischen Stoffes in Literatur, Kunst und Musik, Heidelberg 1972.

## Text 7:  Niobe (6,146—312)

### Übersicht

Mit unserer Erzählung setzt Ovid eine Reihe von Mythen fort, die von göttlichem Einschreiten gegen menschliche Überhebung handeln. Noch im vorhergehenden Buch war von der Bestrafung des Tyrannen Pyreneus die Rede, der den Musen Gewalt antun wollte, sowie von den Pieriden, die sich anmaßten, mit den Musen in Wettstreit zu treten. Am Anfang des sechsten Buches bestraft Minerva Arachne, die mit ihr in der Webekunst wetteifert; doch ist die Situation eigentümlich zwielichtig, da an dem Gewebe der Sterblichen künstlerisch nichts auszusetzen ist und da die Göttin den Willen zur Bestrafung schon hegt, bevor sie ein Opfer gefunden hat. Klarer sind die Verhältnisse in den beiden folgenden Erzählungen, die menschlichen Hochmut auf zwei ganz verschiedenen sozialen Stufen anprangern: Niobe ist eine Königin, die lykischen Eingeborenen dagegen sind Bauern. Danach sehen wir Apollon seinem musikalischen Konkurrenten Marsyas die Haut abziehen; hier bekundet Ovid, wie in der Arachne-Geschichte, ein Maximum an Sympathie für den Unterlegenen.

Die äußere Verbindung zwischen Arachne- und Niobeerzählung stellt der Ort her: Niobe hatte in der Jugend Arachne in Lydien gekannt, sie sind Stammesgenossinnen. Freilich läßt sich Niobe nicht durch Arachnes Los belehren. Ovid wiederholt hier das Stichwort, das die ganze Arachne-Erzählung bestimmte: *cedere caelitibus* (15; vgl. *non cedere*, 6,6; *cede deae*, 6,32). Daneben tritt *verbis minoribus uti*, 151 (vgl. dazu die stolzen Reden der Arachne 6,25; 6,37—42).

Während Arachne allein ihre Kunst besaß, hat Niobe noch viel mehr Anlaß zum Hochmut: das wundersame magische Leierspiel ihres Mannes Amphion, durch das sich die Steine freiwillig zu Mauern zusammenfügten (*coniugis artes*, 152), weiter (und dies ganz im Gegensatz zu der ‚kleinbürgerlichen‘ Arachne) ihre eigene vornehme Herkunft und diejenige ihres Gemahls (*genus amborum*, 153) und die große Macht ihres Reiches. Auf dies alles ist sie stolz, noch stolzer aber auf ihre Kinderschar. Auch stilistische Mittel lassen Niobes Selbstbewußtsein hervortreten: einmal das anaphorische *nec — nec* (151 f.), zum anderen die emphatische Wiederaufnahme von *placere* in einem parenthetischen Konzessivsatz: *sed enim nec ... artes nec genus ... potentia (que) ... sic placuere illi, quamvis ea cuncta placerent, ut sua progenies* (152 ff.). Der Schaltsatz unterstreicht hier einen Grundzug der Heldin, der ihr zum Verhängnis werden wird. Außerdem entsteht eine doppelte Steigerung; denn das relativ Kleinere (der Stolz auf alle übrigen Dinge) wird auch schon hoch bewertet. Niobes verwundbarste Stelle ist hiermit gekennzeichnet: ihre Kinder. Eine nachdenkliche Bemerkung schließt sich an: Niobe wäre die glücklichste Mutter genannt worden, hätte sie sich nicht selbst dafür gehalten (156)! Das Problem der Fixierung auf die eigene Leistung erinnert an Arachne; das Starren auf das eigene Ich läßt an Narcissus denken, dem Tiresias prophezeit, er werde lange leben, „wenn er sich selbst nicht kennenlerne" (3,348). Auch bei Niobe spielt eine Prophetin eine Rolle. Manto, die Tochter des Tiresias, ruft die Thebanerinnen auf, der Latona und ihren Kindern Apollon und Diana Opfer darzubringen. Die Frauen gehorchen. — Doch da erscheint Niobe: *ecce* (165); das Wort markiert auch sonst den Auftritt einer Hauptperson. Ihre stolze, königliche Erscheinung wird auf verschiedenartige Weise charakterisiert: Gefolge (165) und golddurchwirkte orientalische Gewänder. Ihre Schönheit kontrastiert mit ihrem Zorn (*et quantum ira sinit formosa*, 167). So wird beiläufig der Affekt hervorgehoben, der später ein göttliches Gegenstück erzeugen wird, den strafenden Götterzorn. Das Schütteln der herabwallenden Locken, der hochmütige Blick vollenden das Porträt des verkörperten Stolzes. Ovid malt kein Individuum, sondern er läßt eine bestimmte Haltung physiognomisch zum Ausdruck kommen (vgl. 169, auch die Häufung sinnverwandter Adjektive: *alta superbos*).

Im Mittelpunkt der Szene steht eine breit angelegte Rede der Königin, durch die sie selbst das Verhängnis auf sich herabbeschwört. Nicht umsonst hat Ovid am Anfang der Erzählung ausdrücklich auf die Gefährlichkeit hoher Worte hingewiesen (*verbis minoribus uti*, 151).

Diese Rede ist ein rhetorisches Meisterwerk. Sie beginnt mit der Gegenüberstellung von Göttern, die man nur vom Hörensagen kennt, und solchen, die man mit eigenen Augen sieht (170 f.). Latona erhält Opfer — warum nicht Niobe? Es folgt ein Hymnus der Niobe auf sich selbst; ein hymnisches Stilelement ist die Verwendung des Pronomens in verschiedenen Kasus (*meum, mihi, mea, me, mei, a me*, 172—179). Der feierliche religiöse Stil[50] kennt diese Redeweise in der zweiten Person; sie dient der Verherrlichung des Gottes. Niobe pervertiert diese Form, indem sie an die Stelle der zweiten die erste Person setzt. Inhaltlich entfaltet diese Rede die Gedanken, die schon in der Einleitung angedeutet worden waren: vornehme Herkunft (172—176), politische Macht (177 ff.), Kunstfertigkeit ihres Mannes (178), Reichtum (180 f.). Nun kommt die Schönheit hinzu, die in der Einleitung übergangen worden war, weil Ovid sie unmittelbar bei Niobes Auftritt beschreiben wollte (181 f., vgl. 167). Niobe unterstreicht ihre Göttlichkeit auch noch in anderer Weise: Der Vater Tantalus speiste am Tisch der Himmlischen, Niobes Mutter ist eine Schwester der unter die Sterne versetzten Plejaden, ihr Großvater ist Atlas, der das Himmelsgewölbe trägt. Niobes Schätze sind „unermeßlich" (*immensae*, 181). Dieses Wort verknüpft Ovid sonst mit der Macht der Götter (vgl. 8,618); und Niobe interpretiert auch ihre eigene Schönheit als Merkmal ihrer Göttlichkeit (*digna deā facies*, 182). Wie zuvor erscheint auch jetzt als krönender Abschluß die Kinderschar, zu der die stolze Mutter in kühnem Vorgriff noch ebensoviele künftige Schwiegersöhne und Schwiegertöchter hinzurechnet.

Auf das Lob ihrer eigenen Majestät (170—184: 15 Verse) folgt die Diffamierung der göttlichen Konkurrentin (184—192: 9 Verse). Niobe greift mit akrobatischer Brillanz alle schwachen Punkte heraus, die die mythologische Überlieferung an Latona erkennen läßt: sardonisch klingt das wegwerfende *nescio quo Coeo* (185). Von dem Titanen Coeus ist in der Tat nichts bekannt, außer daß er Latonas Vater war. Außerdem hat die Welt Latona keinen Ort zur Verfügung gestellt, wo sie ihre Zwillinge gebären konnte, bis sich die schwimmende Insel Delos ihrer erbarmte. Schließlich hat Latona nur zwei Kinder: Das macht, wie Niobe nachrechnet, ein Siebtel ihrer Fruchtbarkeit aus.

Im dritten Teil ihrer Rede (193—202: 10 Verse) kommt Niobe wieder auf ihr Glück zu sprechen, und zwar unter dem Aspekt der Zukunft (bisher dominierte die Vergangenheit): Sie sei glücklich und werde glücklich bleiben. (Diese Aussagen werden jeweils durch bekräftigende Parenthesen verstärkt, 193 f.) Die große Zahl der Kinder habe sie unangreifbar gemacht. Selbst wenn ihr das Schicksal einige ihrer Kinder raube, werde sie doch niemals nur zwei haben wie Latona, die so gut wie kinderlos sei. Hier steht das wichtige Stichwort, das die tragische Ironie spürbar macht, *orba*. Die beleidigte Göttin wird Niobe beim Wort nehmen (212), und den von Niobe ausgeschlossenen ‚größten anzunehmenden Unfall' realisieren[51].

Wer die Erzählung kennt, kann die Fehler von Niobes Gedankengebäude durchschauen (solche Abschnitte enthüllen ihre Bedeutung im Rückblick, sollten also gegebenenfalls zweimal gelesen werden — erst an ihrer Stelle und dann nochmals nach Lektüre des ganzen Textes). Aber für sich genommen

---

50 E. Norden: Agnostos theos. Untersuchungen zur Formengeschichte religiöser Rede, Leipzig/Berlin 1913.
51 GAU: „größter anzunehmender Unfall" bei technischen Einrichtungen.

sind Niobes Reden relativ logisch. Von einem streng innerweltlichen Standpunkt aus ist es nur konsequent, Götter, die man vom Hörensagen kennt, durch sichtbare ‚Götter‘ zu ersetzen. Es stimmt auch, daß der Fall sehr unwahrscheinlich ist, daß eine Mutter von vierzehn gesunden und schon relativ erwachsenen Kindern nur zwei oder keines von ihnen überlebt. Es ist gerade das Bestechende an Niobes Denken, daß es einigermaßen logisch und vernünftig ist und der gewöhnlichen Lebenserfahrung entspricht. Aufgrund ihrer reichen Ressourcen rechnet Niobe mit einer nahezu totalen Sicherheit ihrer Existenz. Damit sieht sie von der Endlichkeit ihres eigenen Lebens ab (Stichwort *immensus*!). Sie läßt aber auch die Menschlichkeit gegenüber ihren eigenen Kindern vermissen, da sie völlig ungerührt den Fall setzt, einige könnten sterben, ohne das Glück der Mutter wesentlich zu beeinträchtigen. Hier spricht keine echte Mutterliebe, die auch bei der größten Kinderschar jedem Kind ungeteilt und unbedingt zugewandt ist, sondern ein eigentümlich numerisches Status-Denken, das nicht die Kinder, sondern die eigene Ehre im Auge hat. Niobes Vorstellungsweise ist quantitativ, nicht qualitativ. Mutterschaft nicht als personale Zuwendung, sondern als Erfüllung einer Fruchtbarkeitsquote, als Lebensversicherung und Prestigegewinn! Vielleicht weiß sie auch einfach nicht, wovon sie spricht. Sie hat ja bisher nur die Lichtseiten des Lebens kennengelernt. Die Rede der Niobe ist auch unbedacht; denn durch die theoretische Annahme, einige ihrer Kinder könnten sterben, ‚beruft‘ sie das Unheil, und noch mehr natürlich durch die Lästerung der Latona. Niobe ist ‚aufgeklärt‘, sie rechnet mit der ‚Machbarkeit‘ und Manipulierbarkeit der Dinge, einschließlich des Unglücks und des Todes. Aber sie ist wiederum nicht aufgeklärt und erfahren genug, um der Unberechenbarkeit des Daseins gewachsen zu sein.

Niobe schließt mit dem Befehl[52], die Kulthandlungen abzubrechen (201 f.). Die Thebanerinnen gehorchen, beten aber in der Stille weiter (202 f.). Niobe hat ihr eigenes Urteil gesprochen.

Die folgende Szene bildet ein Pendant zur vorhergehenden. Latona ist über die Worte der Königin entrüstet (*indignata*, 204); der Götterzorn ist die Antwort auf den Zorn der Sterblichen (vgl. 167). Die Göttin steht auf dem Cynthus, dem Berg auf Delos, der ihr und ihren Kindern Apollo und Diana heilig ist. Sie fühlt sich in ihrer Ehre als Mutter und Gottheit gekränkt. Ihr Kult wird gestört — womöglich für immer, wenn Apollo und seine Schwester nicht helfend eingreifen. Latona will hier (gut römisch) einen Präzedenzfall verhindern.

Die Beeinträchtigung des Kultes ist zu trennen von der Schmähung Latonas durch Niobe. Das Stichwort *orba* soll auf Niobe zurückfallen. Niobe wird hier von Latona als *Tantalis* bezeichnet; die Abkunft, auf die Niobe sich voller Stolz berufen hatte, wird nun gegen sie gekehrt. Niobe hat die Lästerzunge des Tantalus geerbt.

---

52 Nach dem ersten Teil der Rede stehen ebenfalls Imperative. Sie bilden den Übergang zum zweiten Teil.

Im Gegensatz zu Niobes Rede ist die der Göttin sehr kurz. Die Kinder unterbrechen die Mutter — sie haben begriffen, was sie zu tun haben, und machen sich auf, die Strafe zu vollziehen.

Es folgt als dritter Hauptteil der Tod der Knaben (218—266). Schauplatz ist das Sportfeld vor der Stadt. Die Söhne steigen zu Pferde. Purpur (222) und Gold (223) lassen (ähnlich wie bei Niobe 166 und 181) ihren Rang und ihren Reichtum hervortreten.

(1) Der erste Sohn, *Ismenus* (224—229) trägt den Namen eines Flusses bei Theben, ist also eng mit der väterlichen Heimat verbunden. Der älteste Sohn wird als erster getötet, so wie die jüngste Tochter als letzte (299 f.). Das ganze Geschehen schildert ein langer Satz: Namensangabe (224), relatives Alter (224 f.: Relativsatz); Situation, in der ihn der Pfeilschuß ereilt (225 f.: Temporalsatz); kurzer Weheruf (227: Interjektion und Hauptverbum); nachträgliche Feststellung, daß der Pfeil in der Brust steckt (227 f.: zweites Hauptverbum); Loslassen der Zügel (228: Ablativus absolutus); Herabsinken vom Pferde (229: drittes Hauptverbum). Besonders kunstvoll ist die zeitliche Umstellung: Der Weheruf wird zuerst angeführt, und die Tatsache, daß der Pfeil den Knaben getroffen hat, erst nachträglich. Chronologie und Kausalität sind zurückgedrängt. Alles wird so beschrieben, wie es sich einem ahnungslosen Beobachter, der die Zusammenhänge nicht kennt, darstellen muß: Was ihm auffällt, ist der Aufschrei; den Pfeil wird er erst nachträglich entdecken. So ist alles gleichsam von außen beobachtet und dadurch in seiner Seltsamkeit gesteigert, verfremdet.

(2) *Sipylus* (230—238): Der zweite Sohn ist nach einem Bergzug in Lydien benannt, Niobes Heimat. Im Gegensatz zu dem Sterben des ersten Sohnes, bei dem das Plötzliche und Überraschende im Vordergrund stand, herrscht in dem Sipylus-Abschnitt eine Spannung zwischen der ahnungsvollen Angst (die durch ein Gleichnis ausgemalt wird) und dem Eintreten des Unvermeidlichen. Dementsprechend handelt es sich diesmal um mehrere selbständige Sätze.

Am kunstvollsten ist der erste gebaut, der die angstvolle Stimmung und die Flucht exponiert: Geräusch des Köchers: Begründung der Vorahnung (230: Ablativus absolutus); Flucht (231: Imperfekt als vorbereitender Hintergrund für das Hauptverbum, 235); Gleichnis: Steuermann, der beim Anblick einer Wolke mit vollen Segeln flüchtet[53] (231—233: allgemeingültiges Präsens); Wiederaufnahme der Vorstellung des fliehenden Sipylus (234: Partizip Präsens *dantem* im Rückgriff auf *dabat*, 231: Betonung der Gleichzeitigkeit); kühne Abfolge der Tempora: 235: *consequitur*, historisches Präsens; 236: *haesit*, historisches oder konstatierendes Perfekt; *exstabat*, besonders seltenes Imperfekt, das abschließend einen Zustand schildert (sog. imparfait de rupture). Das Präsens wird durch das Perfekt überboten; das abschließende Imperfekt verweilt auf dem plötzlich entstandenen neuen Zustand. Ein Schlußsatz (237 f.) schildert die Folgen (238: zwei historische Präsentia).

---

53 Die Parallele zwischen dem Ausbreiten der Segel und dem Schießenlassen der Zügel ist beabsichtigt.

(3) und (4) *Phaedimus* (der „Strahlende", „Berühmte") und *Tantalus* (nach seinem Großvater benannt, auf dessen verhängnisvolle Größe wir schon hingewiesen haben), werden beim Ringkampf gemeinsam von einem Pfeil durchbohrt (239—247). Hier erscheint als neues Expositionsmittel das Plusquamperfekt (241 und 242), das den Ringkampf als zeitlichen Hintergrund für das Hauptereignis (243 f.: Participium coniunctum und historisches Perfekt) darstellt. Die Schilderung des Todes (245—247) ist durch viermaliges *simul* gekennzeichnet: in 245 f. herrscht Chiasmus *(ingemuere simul, simul ... posuere)*, in 246 f. Parallelismus *(simul ... versarunt, simul exhalarunt*, wobei aber die Objekte chiastisch angeordnet sind: *simul ... lumina ... animam simul).* Vom Aufbau des Ganzen her gesehen, ist es kein Zufall, daß die beiden mittleren Söhne zusammen behandelt werden.

(5) *Alphenor* („einer, der den Männern nützt", passender Name für den Knaben, der den anderen zu Hilfe eilt; 248—253): Zu Beginn ist das Tempo rasch (248—250: *adspicit ... evolat... cadit);* erst nachträglich wird die Wunde genau lokalisiert (vgl. oben 227 f.); daran schließt sich eine naturalistische Beschreibung des Herausziehens der Todeswaffe. Den Präsentia des ersten Teils treten im zweiten (250—253) durchweg gleichwertige Perfekta gegenüber.

(6) *Damasichthon* („Beherrscher der Erde", passender Name für einen Königssohn; 254—260) wird durch zwei Pfeilschüsse niedergestreckt (so entsteht eine Art Ausgleich zu den beiden Ringkämpfern, die ein und derselbe Pfeil getötet hatte).
Aufbau des Abschnittes: Überschrift (254 f.: Präsens); erster Schuß (255 f.: Plusquamperfekt); Versuch, den Pfeil herauszuziehen (257: temporaler Gliedsatz); zweiter (tödlicher) Schuß (258: durch Perfekt hervorgehoben, vgl. auch 236; 244; 251). Neue Sensation: Dieser Pfeil braucht nicht herausgezogen zu werden, denn das Blut treibt ihn hervor und bildet einen Springbrunnen (259 f.: Perfekt *expulit* und zwei Folgeerscheinungen im Präsens).

(7) *Ilioneus* (261—266): Die Szene ist besonders rührend, weil Ilioneus getötet wird, während er betet, was noch eine Steigerung gegenüber Alphenor bedeutet, der fiel, während er seinen Brüdern zu Hilfe kommen wollte *(inque pio cadit officio,* 250). Auch dieser Abschnitt lebt von der Spannung zwischen Erwartung (Plusquamperfekt 262; 263; 264) und Unwiderruflichkeit (Perfekt 265). Der Gegensatz ist durch ein *cum inversivum* verschärft, das einen besonderen Höhepunkt bildet: *motus erat, cum iam revocabile telum non fuit* (264 f.). Der eigentliche Abschuß des Pfeiles wird nicht berichtet, der Erzähler konzentriert sich auf die Vorgeschichte und die Folgen. Um die Ehre des Gottes nicht zu sehr zu kompromittieren, wird ihm im letzten Augenblick eine Regung des Mitleids zugeschrieben, die freilich die Wunde nur etwas verkleinert, aber den Tod nicht verhindert (265 f.). Die Einleitung dieses Abschnittes ist außerdem durch direkte Rede belebt (Gebet des Ilioneus); hinzu kommen bedauernde Bemerkungen des Autors *(non profectura,* 261, und *ignarus non omnes esse rogandos,* 263). Die „kleine" Wunde, an der Ilioneus stirbt, erinnert an den „kleinen" Blitz, den Jupiter auswählt, um Semele zu schonen (3,302—307).

Die Nachricht von dem Unheil gelangt zu Niobe; ihre Reaktion ist eine Mischung aus Verwunderung, daß dies möglich war (*mirantem potuisse*, 269), und Zorn darüber, daß sich die Götter so viel erlauben können (269 ff.). Amphion war aus Trauer freiwillig aus dem Leben geschieden. Was Niobes Zustand betrifft, so pointiert Ovid den Gegensatz zwischen einst und jetzt (Chiasmus: *quantum haec Niobe Niobe distabat ab illa*, 273; Parallelismus: *(modo) invidiosa suis, at nunc miseranda vel hosti*, 276). Niobe gibt ihren Söhnen den letzten Kuß (277 ff.) und wendet sich dann an Latona. Die Rede ist zweiteilig. Im ersten Teil wird Latona aufgefordert, ihren Sieg zu genießen; im zweiten wird dieser Sieg als solcher in Frage gestellt. Niobe kehrt zu ihrer alten Rechnung zurück: „Selbst im Unglück bin ich noch reicher als du im Glück." So erklärt sie sich für die Siegerin. Man wird zögern, diese zweite Rede, in der Niobes Wesen nochmals deutlich zum Ausdruck kommt, unmittelbar für den Tod der Töchter verantwortlich zu machen; hat doch Latona schon Niobes erster Rede das Stichwort *orba* („kinderlos") entnommen; schon damals machten sich sowohl Apollo als auch Diana auf den Weg, um Niobe zu bestrafen. Man könnte höchstens annehmen, Niobe hätte durch ein Bußgebet das Schicksal aufhalten können. Aber eine solche radikale Umkehr ist bei Niobe nicht denkbar und widerspricht auch einer Grundtendenz der Metamorphosen, die mit Vorliebe unveränderliche Wesenszüge hervortreten lassen.

Auch die zweite Serie der Todesfälle wird durch ein unglückverheißendes Geräusch eingeleitet (286: der Klang der Sehne des Bogens, vgl. 230: das Klirren des Köchers). Alle außer Niobe erschrecken (287). Ähnlich war (6,45) bei Minervas Offenbarung Arachne die einzige, die sich nicht einschüchtern ließ. Das Unglück macht Niobe kühn (288). Die Fähigkeit, sich von Warnungen oder Vorzeichen unbeeindruckt zu zeigen, gehört zu dem Grundzug des Beharrens *(perstare)*, der für viele ovidische Gestalten bezeichnend ist. Das Ausbleiben der Furcht in Ausnahmesituationen hebt Ovid auch sonst hervor; so sagt er über Thisbe: *audacem faciebat amor* (4,96); und von Hecuba (13,562): *facit ira nocentem* oder: ... *valentem*.

Der Tod der Mädchen wird wesentlich knapper beschrieben als der der jungen Männer. Hier achtet Ovid auf gebärdenhafte Anschaulichkeit, er schildert verschiedene Stellungen. Nur die letzte Tochter wird uns in einer dramatischen Szene vor Augen geführt. Niobe fordert nur noch das Leben dieser einen, aber ihre Bitte wird durch die Tatsachen überholt (301). Die geringere Ausführlichkeit bei der Behandlung der Schwestern hängt nicht nur mit der Variationsabsicht zusammen, sondern wohl auch mit dem Wunsch, grausames Detail zu vermeiden: Die Gattungstraditionen der Schlachtenschilderungen im Heldengedicht und der Geschichtsschreibung sanktionieren zwar detaillierte Darstellungen der Verwundung und Tötung von Männern, nicht aber von Frauen (es handle sich denn um Amazonen, die aber Waffen tragen). Der Einwand freilich, daß es sich auch bei Niobes Söhnen um Wehrlose handelt, bleibt bestehen. Er erhöht das Mitleid und den Abscheu des Lesers. Man kann nicht ausschließen, daß Ovid, der gerne die Partei der Schwächeren ergreift, diese Nebenwirkung beabsichtigt hat.

Jetzt ist Niobe *orba* (301), gewichtig wird das Stichwort von Vers 200 und 212 am Ende wieder aufgenommen. Sie sitzt unter lauter Toten (im Gegensatz zu 165, wo sie von einer Menschenmenge umdrängt ist, und zu 178—183, wo sie voller Stolz von ihrem Mann und ihrer Kinderschar spricht).

Niobe erstarrt angesichts des Unglücks (*deriguitque malis,* 303). Darin liegt eine Steigerung gegenüber 288: *illa malo est audax.* Rückblickend erkennt man, daß die an jener Stelle zunächst etwas abundant wirkende Pointe schon der Vorbereitung der Verwandlung dient. Die Unbeweglichkeit wird spezifiziert (303—305), wobei ein Gegenbild zu Niobes erstem Auftreten entsteht: *nullos movet aura capillos* (303, im Gegensatz zu *movensque capillos,* 167 f.); *lumina maestis stant immota genis* (304 f., im Gegensatz zu *oculos circumtulit alta superbos,* 169). Die jetzt blutlose Gesichtsfarbe (304) kontrastiert mit der Schönheit der zornigen Niobe des Anfangs (167 f.), man denkt an den bleich gewordenen Narcissus (3,491). Niobe verliert auch die Sprache (306 f.) und überhaupt jede Bewegungsmöglichkeit. Es bleibt nur die Fähigkeit des Weinens (310). Vom Winde wird die Versteinerte in ihre Heimat zurückgetragen (311).

Niobes Verwandlung bildet in vielen Einzelheiten ein Gegenstück zu ihrem ersten Auftreten. An die Stelle lebendiger Bewegtheit ist die Starre getreten, an die Stelle übersteigerten Stolzes namenlose Trauer, an die Stelle kühner Reden ewiges Schweigen. Man kann also nicht behaupten, daß die Verwandlung in dem vorliegenden Falle Niobes Wesen (etwa ihren Stolz oder ihren Egoismus) ausdrücke. Ovid betont jedenfalls nicht diesen Aspekt, sondern den der Trauer.

In der vorliegenden Erzählung ist die Schuldfrage ziemlich klar: Niobe hat durch ihre maßlosen Reden gefrevelt und das Unheil über ihre Kinder selbst heraufbeschworen. Die Götter sind eigentlich nur vollziehendes Organ. Insofern kommt den Reden in unserer Erzählung, vor allem Niobes erster großer Rede, entscheidende Bedeutung zu.

## Literatur

R. Clade: Menschlicher Wille und göttliche Ordnung. Eine Lektüreeinheit aus Ovids ‚Metamorphosen‘, in: Der altsprachliche Unterricht 22,2, 1979, S. 39—56.

E. Klien: Ton-Diareihe zu Ovids ‚Niobe‘, in: Didactica Classica Gandensia 15—16, 1975—1976, S. 259—260.

H. Naumann: Ovid und die Rhetorik, in: Der altsprachliche Unterricht 11,4, 1968, S. 69—86, bes. S. 79 f.

E. Römisch: Metamorphosen Ovids im Unterricht, Heidelberg 1976, S. 21—45.

L. Voit: Die Niobe des Ovid, in: Gymnasium 64, 1957, S. 135—149.

# Text 8:  Die lykischen Bauern (6,317—381)

## Übersicht

Die Niobe-Erzählung schloß mit der Versteinerung der Heldin und der Verewigung ihres Weinens. Ovid stellt Distanz her, indem er von der Reaktion der Menschen auf dieses Ereignis spricht. Dabei kann er das zentrale Motiv nennen: *numinis iram* (313). Dann läßt er einen Mann aus dem Volk eine vergleichbare Geschichte erzählen. So erfüllt das Übergangsstück (313—317) drei Funktionen: Distanzierung von der vorhergehenden Erzählung, Vorbereitung einer neuen Erzählsituation und Nennung des tragenden Themas. Das Thema (Götterzorn) stellt hier die Verbindung zwischen den Erzählungen her. Das beweist übrigens, daß die Struktur der ‚Metamorphosen' nicht beliebig ist und daß man das Werk nicht in einen Novellenkranz auflösen darf.

Die Einleitung nennt uns den Schauplatz (Lykien, 317) und das Thema (bestrafte Gottesverächter). Wir sehen eine weitere Parallele zur vorhergehenden Geschichte. Es handelt sich wieder um die Göttin Latona, aber die niedere Herkunft der Bauern kontrastiert mit dem vornehmen Stand der Niobe. Durch die Gegenüberstellung von unberühmtem, unaristokratischem Stoff und wundersamem Gehalt wird die Neugier der Zuhörer geweckt (*res obscura quidem ignobilitate virorum, / mira tamen*, 319 f.).

Ovid läßt diese Bauerngeschichte von einem einfachen Mann erzählen. Die treuherzige Berufung auf den eigenen Augenschein und die Einkleidung der Ortsbeschreibung in einen Erlebnisbericht sind von kunstvoller Natürlichkeit (320 ff.). Mit der Ankündigung des Wunderbaren kontrastiert der unmittelbar darauf folgende Hinweis auf Autopsie — der Sprecher ist Augenzeuge (*mira tamen; vidi*, 320). Im Anschluß daran erfährt man, daß ein Sumpf (Teich) der Ort der Handlung ist. Mit *nam* greift der Erzähler weiter in die Vergangenheit zurück (*iusserat*, 323; *dederat*, 324). Diese Sätze bilden die Exposition der nun folgenden Rahmenerzählung. Der Berichtende gelangt unter Führung eines Einheimischen an einen Altar, der mit *ecce* ins Blickfeld gerückt wird. Beide sprechen bei seinem Anblick hintereinander ein ehrfürchtiges *faveas* (327 f.). Hier kommt in treuherziger Weise der numinose Schauer zum Ausdruck, den der *locus sacer* auslöst. Der lebendige Erlebnisbericht dient nur als Rahmen für die aitiologische Erzählung des einheimischen Führers.

Der Altar ist der Latona heilig. Die Vorgeschichte faßt kurz den Mythos von Apollons und Dianas Geburt zusammen. Die ganze Welt war Latona verschlossen, da Juno sie haßte. Nur die schwimmende Insel Delos bot der Göttin eine Heimstatt, wo sie ihre Zwillinge Apollon und Diana gebar. Juno soll freilich die unglückliche Mutter weiter verfolgt haben. Damit sind wir bei der Haupterzählung. In Lykien erblickt Latona, von Durst geplagt, einen Teich. Sie kniet nieder, um zu trinken. Bauern, die dort Riedgras schneiden, verbieten es ihr. Die Göttin argumentiert naturrechtlich: Das Wasser gehört allen. Sonne, Luft und Wasser sind kein Privateigentum. Außerdem bittet sie nur um ein Minimum: Sie will sich hier nicht waschen, sondern lediglich ihren Durst löschen. Sie beruft sich auf ihre Notlage: Vor Trockenheit kann sie kaum sprechen. Wasser heißt für sie so viel wie Leben (Existenzminimum). Die Bauern könnten zu Lebensrettern werden, gewissermaßen eine göttliche Funktion erfüllen. Schließlich appelliert sie unter Berufung auf die Kinder an das Mitleid (358 f.). Es ist reizvoll, wie die bittende Gebärde der Kinder sich zunächst subjektiv in Latonas Worten spiegelt, dann objektiv vom Erzähler bestätigt wird: „Mögen auch diese euch rühren, die an meiner Brust die kleinen Ärmchen ausstrecken.‘ Und in der Tat streckten die Kinder gerade die Arme aus" (358 f.). Der Wechsel des Standpunkts gibt der Gebärde ein Maximum an Ausdruckskraft. Auch ihr Niederknien deutet die Göttin in ihrer Rede als Bittgeste (*supplex*, 352). Zunächst tut sie es einfach, um zu trinken.

Die rührenden Worte der Latona kontrastieren mit der Unerbittlichkeit der Bauern. Ovid unterstreicht den Gegensatz durch eine rhetorische Frage (360): „Wen hätten die schmeichelnden Worte der Göttin nicht rühren können?" Das Beharren der Bauern kennzeichnet ein typisch ovidisches Schlüsselwort (*perstant*, 361). Dieses Verb leitet sehr oft ein verhängnisvolles Geschehen ein, das aus dem Charakter von Personen resultiert und zur Verfestigung ihres einseitigen Verhaltens in einer Tiergestalt führen kann (vgl. z. B. in der Arachne-Geschichte: *perstat in incepto*, 6,50; und über Pentheus: *perstat*, 3,701). Die Bauern nun halten Latona vom Wasser fern, fügen Drohungen und Schmähungen hinzu und wühlen den Teich mit Händen und Füßen auf, so daß durch ihr böswilliges Springen der Schlamm nach oben kommt. Unmittelbar im Anschluß an *perstare* wird somit dasjenige Verhalten charakterisiert, das bei der folgenden Verwandlung fixiert werden wird.

Der Zorn läßt die Göttin ihren Durst zurückstellen. Mit *ira* fällt wieder das für unsere Erzählung und ihren Umkreis wesentliche Stichwort (366). Latona wird jetzt, in dem Augenblick, da sie sich offenbart, als Tochter des Titanen Coeus bezeichnet (366; im betonten Gegensatz zu Niobes Spott, 6,185), erscheint also in ihrer ganzen genealogischen Würde. Die Namensumschreibung ist kein Zufall. Ähnlich heißt in der Arachnegeschichte Minerva nach ihrer Selbstoffenbarung und vor Beginn des Wettstreits „Tochter Jupiters" (6,51). Latona spielt auch nicht mehr die Bittflehende und redet keine Worte mehr, die unter der Würde einer Göttin sind (*verba minora dea*, 368). Die Verfluchung ist von einer Gebärde begleitet, die im Gegensatz zu der des Flehens steht. Jetzt erhebt Latona die Hände zum Himmel. Dazu spricht sie den Fluch: „Lebet ewig in diesem Teich" (369). Kurze Reden spielen in den ovidischen Erzählungen eine bedeutsame Rolle. Auch Actaeons Verwandlung in einen Hirsch war von einer Gebärde und einer knappen ironischen Bemerkung der Göttin begleitet (s. oben S. 44 zu 3,189–193).

Die folgende Schilderung setzt zunächst das Bild der bisherigen Bewegungen der Bauern fort, wobei durch *modo...nunc...modo...saepe...saepe* ein spielerisches Element hinzukommt, das die magische Fixierung des Verhaltens sinnfällig macht und auf diese Weise die Tierverwandlung vorbereitet. Das Motorische wird durch das Akustische ergänzt: *quamvis sint sub aqua, sub aqua maledicere temptant* (376). Die Schimpfreden verändern zuerst den Klang der Stimme, dann die Sprechorgane und das Maul. Schließlich wandelt sich die ganze Gestalt (*terga caput tangunt*, 379, mit den Handschriften BF). Der Rükken ist grün, der Bauch hell (er wird zum wichtigsten Teil des Körpers wie oben bei Arachne, die ebenfalls — platonisch gesprochen — dem „dritten Stande"[54] angehört: 6,144). Pointiert steht der neue Tiername ganz am Ende der Geschichte: *ranae* (381).

Anschließend kehrt der Dichter zum Rahmen zurück und läßt einen Gesprächspartner die Geschichte von Marsyas erzählen.

Was die Auffassung der Verwandlung betrifft, so ist unsere Erzählung ein Schulbeispiel für Festschreibung einer bestimmten Verhaltensweise durch Tierverwandlung (ein anderes Beispiel wäre die Weberin Arachne, die in eine Spinne verwandelt wird, weil sie ihre Webkunst über alles setzt).

Anders als in der Arachnegeschichte (wo dies nicht so eindeutig ist) wird die Tierverwandlung hier auch moralisch motiviert, insofern als es die Bauern gegenüber einer Notleidenden an Menschlichkeit *(humanitas)* fehlen lassen. Es handelt sich um einen besonders krassen Fall, einmal, da es nicht um das Privateigentum der Bauern geht, zum anderen, weil sich Latona in einer Notlage befindet und nur um einen Schluck Wasser bittet.

Der Mythos hat den Charakter einer Prüfung: Die Gottheit erscheint zunächst unerkannt und stellt die Menschen auf die Probe. Man denkt an die Heimsuchung der Arachne durch Minerva und an Jupiters und Merkurs Besuch bei Philemon und Baucis. Die Verkleidung der Götter ist dabei recht unterschiedlich. Die Theoxenie bei Philemon und Baucis beweist, daß manche Sterblichen die Prüfung auch bestehen können. In unserer Erzählung geht es um außerordentliche Verblendung: Obwohl sich Latona nicht verkleidet, erkennen die Bauern die Göttin nicht.

Die volkstümliche Atmosphäre der Erzählung fällt in ihrer Umgebung auf: Die unmittelbar vorhergehende Niobegeschichte spielt am Königshofe, ebenso die nachfolgenden Geschichten von Pelops, Tereus, Philomela und Procne. Hier aber stehen Männer aus dem Volke im Mittelpunkt, und auch die Erzähler sind einfache Menschen. Dazu paßt die dem Märchen entsprechende Anonymität der Bauern und auch das Märchenmotiv der ‚Probe'. Volkstümliche Erzählungen dieser Art sind ein Beweis für das Vorhandensein

---

54 Man spricht schematisch vom „Lehrstand" (Priester, Philosophen), „Wehrstand" (Krieger) und „Nährstand" (Handwerker usw.). Platon ordnet sie dem Kopf, der Brust bzw. dem Unterleib zu.

eines bäuerlichen Kanons von Wertvorstellungen; eine Gruppe, die dagegen verstößt, schließt sich selbst aus der menschlichen Gemeinschaft aus. Interessant ist, daß Ovid Latona aufklärerisch, naturrechtlich argumentieren läßt: Wasser, Sonne und Luft sind gemeinsames Eigentum aller (349 ff.). Die Vertreter des Volkes, die diesen demokratischen Gedankengang nicht akzeptieren, disqualifizieren sich dadurch selbst.

Welch ein Widerspruch zwischen der Würde der Göttin und ihrer Erniedrigung! In dem Augenblick, da sie niederkniet, um zu trinken, erhält sie den stolzen Beinamen *Titania* (346). Ihre Situation ist insofern anders als diejenige Jupiters, Merkurs und Minervas, als Latona nicht aus freien Stücken ihre Erdenwanderung unternimmt, sondern wegen Junos Eifersucht.

Wodurch erweckt Ovid die besondere Teilnahme seiner Leser?

Einmal dadurch, daß er Latona am Anfang der Erzählung (331 ff.) als Verfemte und Flehende einführt. Juno erscheint als Stiefmutter (336). Zur Sympathie (334) für Latona und zum Mitleid mit ihr trägt auch die Schilderung ihres Erschöpfungszustandes bei (339—342). Die Qual wird durch lautliche Mittel unterstrichen (Alliteration *sidereo siccata sitim,* 341) und sinnenhaft konkretisiert (Müdigkeit, Durst, auch der Kinder, 342).

Ein weiteres Mittel, den Leser vorzubereiten und ihn das Geschehen miterleben zu lassen, ist die Schilderung des Altars und des ehrfürchtigen Schauers der Besucher. Die breite Exposition (26 Verse) dient also nicht nur dazu, Personen und Ort der Handlung anzugeben.

Was die Erzählstruktur betrifft, sind Ortsschilderung und Einführung ungewöhnlich ausführlich, auch der doppelte Rahmen fällt bei der im ganzen doch recht kurzen Geschichte auf. Man beachte die Proportionen (s. die Übersicht am Anfang dieses Kapitels)!

Das Geschehen ist trotz seiner Einfachheit in Phasen gegliedert, so daß die Spannung erhöht wird (erste Phase: 343—348; zweite Phase: 360 ff.). Dazwischen schiebt sich als retardierendes und zugleich deutendes Element eine Rede. Sie offenbart Latonas Not und ihre Bescheidenheit, und zeigt, wie unmenschlich es wäre, ihre Bitte abzulehnen. Damit kontrastiert die Kürze der eigentlichen Handlungsmomente, so *rustica turba vetat* (348). Zwischen den Absätzen stehen überleitende Bemerkungen, die entweder den Gegensatz (*quem non blanda deae potuissent verba movere?,* 360) oder den thematisch bedeutsamen Affekt hervorheben (*distulit ira sitim,* 366). Wichtig ist auch der Kontrast zwischen Umfang und Wirkung der beiden Reden Latonas: Die erste, lange Rede bleibt wirkungslos, die zweite, sehr kurze (369), hat gewaltige Folgen.

Die ausführlichen Partien des Eingangs und des Schlusses zeichnen sich durch Detailmalerei aus, das Schlußbild ist dadurch besonders reizvoll, daß es bewegt ist und erst in den letzten Versen (379 f.) zur Beschreibung wird, um endlich doch wieder einer fast tänzerischen Schilderung Platz zu machen (389).

Wir haben gesehen, daß die abschließende Beschreibung in engem Zusammenhang mit dem Verhalten der Bauern im zweiten Hauptabschnitt der Erzählung steht (360—365). Entsprechendes gilt von der Rahmenerzählung im

Verhältnis zum ersten Hauptteil: Das Riedgras, das die Bauern schneiden (344 f.), ist bereits am Anfang erwähnt (326). Wie das Schlußbild ist auch das Eingangsbild sorgfältig in Bewegung gesetzt (keine statische Schilderung eines Altars, sondern die Beschreibung der Wanderung zweier Menschen dorthin).

Was das Motiv ‚Götterzorn' betrifft, so erscheint es auf zwei Stufen: Juno zürnt Latona und bestraft sie (332; 336/7); diese zürnt ihrerseits den lykischen Bauern und übt an ihnen Vergeltung. Trotzdem hat Ovid den Eindruck vermieden, als räche sich Latona an Schwächeren für das Unrecht, das eine Stärkere ihr angetan hat. Latona erscheint vielmehr gegenüber den Bauern ungewöhnlich bescheiden. Dies fällt besonders im Vergleich zu Minerva in der Arachneerzählung auf, die ihr Opfer nicht nur warnt, sondern auch zum Widerspruch reizt und dadurch herausfordert. Latonas Demut ist hier freilich dadurch bedingt, daß es ihr um das Wohl ihrer Kinder geht — ganz im Gegensatz zu Niobe, die ihre Kinder ihrem Stolz opfert.

So gehört Latona in der vorliegenden Erzählung zu den einprägsamen Frauengestalten, an denen die ‚Metamorphosen' so reich sind. Sie ist sanft, fast bis zur Selbstaufgabe (auch Ovids Eurydice hat diese Eigenschaft in hervorragender Weise), aber auch von königlichem Stolz erfüllt. Dieser Doppelaspekt verleiht Latona einen besonderen Reiz, der den aus härterem Holz geschnitzten Protagonistinnen der Arachneerzählung abgeht.

## Literatur

R. Clade: Menschlicher Wille und göttliche Ordnung. Eine Lektüreeinheit aus Ovids ‚Metamorphosen', in: Der altsprachliche Unterricht 22,3, 1979, S. 39—56.

H. Dörrie: Wandlung und Dauer. Ovids ‚Metamorphosen' und Poseidonios' Lehre von der Substanz, in: Der altsprachliche Unterricht 4,2, 1959, S. 95—116 (bes. S. 99).

H. Naumann: Ovid und die Rhetorik, in: Der altsprachliche Unterricht 11,4, 1968, S. 69—86 (bes. S. 80 f.).

E. Römisch: Integration und Konzentration im altsprachlichen Unterricht, in: Gymnasium 69, 1962, S. 350—365.

Ders.: ‚Metamorphosen' Ovids im Unterricht, Heidelberg 1976, S. 9—20.

G. Vögeler: Der Begriff der ‚Metamorphose' bei Ovid. Am Beispiel der Erzählung von den ‚Lykischen Bauern' und von ‚Philemon und Baucis', in: Der altsprachliche Unterricht 18,1, 1975, S. 19—36.

# Text 9:    Iason und Medea (7,1—158)

Das sechste Buch endet stürmisch mit dem Raub der Orithyia durch Boreas; ihre beiden Söhne nehmen später am Argonautenzug teil. Das letzte Wort des sechsten Buches ist *carina*. Die Erwähnung des ersten Schiffes bildet das Stichwort für den folgenden Gesang.

Das schnelle Tempo setzt sich in der exponierenden Einleitung des siebten Buches fort. Nur die erste Zeile verweilt etwas bei der Fahrt (Imperfekt: *secabant*). Gleichzeitig werden die Argonauten (wie schon am Ende des vorigen Buches: 6,720) *Minyae* genannt; so hieß ein alter Volksstamm in Böotien. Das Schiff, Argo, erhält das Attribut *Pagasaea*. Damit ist der Ausgangshafen, Pagasae in Thessalien, angegeben. Auf diese Weise erspart sich Ovid die Schilderung der Abfahrt und geht *in medias res*. Ein deutliches Signal hierfür ist auch *iamque*, das den Einsatz der Erzählung nach einer beliebig langen Pause markiert.

Aber nur in dieser ersten Zeile verweilt der Blick auf dem dahinfahrenden Schiff. Die Zwischenlandung bei Phineus (sie wird in Erinnerung gerufen, weil sich hier die am Ende des vorigen Buches eingeführten Boreassöhne durch eine Heldentat auszeichnen) und die Ankunft in Colchis werden im Plusquamperfekt erwähnt; diese Ereignisse sind also von vornherein überholt und bilden einen Hintergrund für das Folgende. Der Gang der Helden zum König mit der Bitte um das Goldene Vlies (vgl. schon 6,720) und der Hinweis auf die harten Bedingungen der Herausgabe stehen in einem temporalen Gliedsatz (7—8), sind also für Ovid nicht die Hauptsache. Entscheidend ist für ihn, daß Medea sich verliebt (9: Hauptsatz im historischen Präsens). Eine starke Metapher bezeichnet die Liebe (9: *validos ignes*), der auch im folgenden eine wichtige Rolle zukommt (vgl. ganz bes. 76—83). Medea wird als *Aeetias* eingeführt. Der Tochter des Colcherkönigs Aeetes kommt besonderer Rang zu, aber auch besondere Verantwortung. Läßt sich die Liebe zu einem Fremden mit ihren Pflichten gegenüber dem Vater und dem Vaterland vereinbaren? Das Patronymikon gibt also einen Hinweis auf die sozialen Zusammenhänge, in denen Medea steht. — Ihre Liebe wird als *furor* bezeichnet. Nach antiker Auffassung sind starke Affekte Krankheiten. Der Gegenbegriff ist *ratio*, der Verstand, der freilich in diesem Falle letztlich unterliegt (11). Beide Worte stehen in Vers 10 unmittelbar nebeneinander.

Damit ist die Einleitung zu Ende. Mit knappen Strichen hat Ovid die wichtigsten Tatsachen skizziert (Ausgangspunkt, Fahrt, Zwischenstation, Ankunft, Forderung an König Aeetes und seine Antwort); aber durch die Wahl der Ausdrucksmittel hat er Prioritäten gesetzt: Für ihn ist die psychologische Seite wichtig, und auch hier sind bereits die Pole markiert, zwichen denen sich das Drama abspielen wird: Medea als Liebende und Medea als Tochter, Liebe als ‚Feuer‘ und ‚Wahnsinn‘.

Wichtig ist auch der Wechsel des Erzähltempos. Während bisher die Technik des Zeitraffers angewandt wurde (Plusquamperfekt, temporaler Gliedsatz), erfolgt jetzt ein Hinweis darauf, daß Medeas innerer Kampf lange gedauert hat (*diu*, 10). So ist das Verweilen beim Psychologischen vorbereitet.

Der folgende Monolog der Medea (11—71) setzt dieses innere Ringen ins Wort um und führt es zu einer Entscheidung. Ovid läßt den Leser nicht den Sieg der Leidenschaft über die Vernunt miterleben (10 f.), sondern eine zweite Phase des Konflikts, die mit einem Scheinsieg der *ratio* endet. Dadurch gewinnt er ein retardierendes Moment. Selbstanreden, Fragen und Ausrufe sind wichtige Mittel des inneren Dialogs. Am Anfang steht eine Diagnose: „Vergeblich, Medea, wehrst du dich; ein Gott steht dir entgegen.“ Und schließlich die staunende Entdeckung einer dem Mädchen noch unbekannten Erfahrung: *mirumque, nisi hoc est* (statt *quid* ist gegen Anderson mit Heinsius *nisi* zu lesen), *aut aliquid certe simile huic, quod amare vocatur* (12 f.). Die Liebe war Medea bisher nur dem Namen nach bekannt. Die Identifikation des Wortes mit der neuen Erfahrung vollzieht sich in einer Mischung aus Zuversicht (*mirumque nisi hoc est*, 12, „Es sollte mich wundern, wenn nicht“ = „ganz sicher“) und leisem Zögern (*aut aliquid certe simile huic ...*, 13). Zur Begründung werden in einer anaphorischen Reihe (*cur, cur* und *quae*) drei Anzeichen angeführt, die auf Liebe schließen lassen: Die Bedingungen, die Aeetes Iason auferlegt hat, scheinen Medea zu hart (14); sie hat Angst um Iasons Leben, obwohl sie ihn erst einmal gesehen hat; und diese Angst ist besonders groß (*tanti*, 16). Die Fragen bilden formal eine sich verkürzende Reihe. Durch Abnahme des äußeren Umfangs gewinnen sie an Eindringlichkeit. Die erste Frage, ohnehin die längste, wird noch durch eine Parenthese ergänzt, die nach Art einer *correctio* Medeas wahres Gefühl verrät (*sunt*, 15, steht in scharfem Gegensatz zu *videntur* in der vorhergehenden Zeile). Die Reihe zielt darauf hin, zu beweisen, daß Medea verliebt ist, daß ihre Urteile also subjektiv sind; im Widerspruch dazu betont die Parenthese, die Befehle des Vaters seien doch auch objektiv allzu hart: Hier verschanzt sich die Liebe hinter der Menschenpflicht.

Die Antwort auf die drei Fragen versteht sich von selbst und wird daher übergangen. An ihre Stelle tritt eine Aufforderung, sich von der Leidenschaft zu befreien: *Excute virgineo conceptas pectore flammas* (17). Einerseits deutet das Attribut *virgineo* die Neuheit der Erfahrung für Medea an, andererseits liegt in diesem Satz ein Appell, den bisherigen Zustand wiederherzustellen. Die Aufforderung verebbt in den Worten *si potes, infelix* (18). Mit den drei Längen des Wortes *infelix* kommt die Bewegung auch rhythmisch zum Stillstand. Durch den Bedingungssatz *si potes* hat Medea sich selbst das Stichwort für eine Replik geliefert: *Si possem, sanior essem.* Medea ist dem Affekt wie einer Krankheit verfallen: *Sed trahit invitam nova vis* (19). Die neue und unbekannte Gewalt ist *cupido.* Die Gegeninstanz, *mens,* steht unmittelbar daneben wie *ratio* neben *furor* (7,10). Die Antithese setzt sich in Vers 20 f. fort (*meliora — deteriora; video proboque — sequor:* Die beiden erstgenannten Verben sind der *mens,* das letztere *cupido* zugeordnet). Medea bekennt, daß sie trotz besserer Einsicht ganz der Leidenschaft verfallen ist, und schlägt damit die Brücke zum Anfang ihres Monologs (*frustra, Medea, repugnas,* 11), die Gegenmacht ist sehr stark (*nescio quis deus,* 12; *flammas,* 17; *nova vis, cupido,* 19).

Der von 11—21 reichende Abschnitt erweist also die Stärke und Unwiderstehlichkeit des Affekts. Mit Vers 21 wird der soziale, politische und juristische Aspekt betont. Dementsprechend redet sich Medea jetzt mit *regia virgo* an (21) und spricht von Iason als *hospes.* Sie hofft auf eine Ehe. Dieser Gedanke erscheint hier erstmals (22), und zwar eher beiläufig; der Akzent liegt auf *alieni orbis* (22). Die Bewohnerin Asiens soll einen Europäer heiraten.

Es folgen zwei positive Argumente gegen die Ehe mit Iason: Auch in Colchis kann Medea einen Gegenstand für ihre Liebe finden (*quod ames,* 23). Die Entscheidung über Leben und Tod Iasons liegt bei den Göttern (24 f.), braucht also Medea nicht zu kümmern. So weit hat die Königstochter in Medea gesprochen. Der letzte Satz ist freilich ambivalent (ähnlich leitet oben in Vers 18 die Bemerkung *si potes, infelix* bereits zum Gegenaspekt über). Auch hier nimmt Medea ein Wort bedeutungsvoll wieder auf und verleiht ihm eine neue Richtung: *vivat tamen* (24, vgl. *si possem,* 18). Den Wunsch, Iason möge am Leben bleiben, begründet Medea zunächst rational: *Idque precari/vel sine amore licet* (24 f.). Hier liegt eine ähnliche Scheinobjektivität vor wie in Vers 15 *(sunt quoque dura nimis).* Dann aber wird die Tendenz ganz offenkundig: Eine anaphorische Reihe betont Iasons Schuldlosigkeit (25), seine Jugend, Vornehmheit, Tapferkeit und Schönheit. Medea gibt zu, daß sie von Iasons Vorzügen beeindruckt ist (28).

Das Adjektiv *crudelem* (26) brandmarkt das abweisende Verhalten bzw. die Verweigerung der Hilfeleistung als grausam und unmenschlich. So bereitet Medea die folgenden negativen Ausführungen vor. Sie setzt den Fall, sie werde nichts für Iason tun, und malt sich die schlimmen Konsequenzen aus.

Nebenbei erfahren wir hier, welche Aufgaben Aeetes Iason gestellt hat. Ovid führt sie erst hier an, wo die Aufzählung den Affekt zu steigern vermag: Die feurigen Stiere, die erdgeborenen Krieger und der Drache erscheinen als Gefahrenquellen für Iason. Aus der ganzen Darstellung leuchtet Medeas fürsorgliche Liebe hervor (29—38). Die *reductio ad absurdum* wird durch eine Hyperbel intensiviert (32): „Wenn ich das dulde, muß ich von mir bekennen, ich sei von einer Tigerin geboren und hätte ein Herz aus Stahl und Stein." Die Grausamkeit solchen Verhaltens (vgl. vorher 26) prangert der Sarkasmus an: „Was schaue ich nicht auch noch zu, wie er untergeht, und hetze die Stiere, die Erdgeborenen und den Drachen gegen ihn auf?" Ein pathetischer Ausruf (*di meliora velint,* 37) drückt Medeas Abscheu aus. Freilich geht es nicht um fromme Wünsche, sondern um Taten (37 f.). Damit ist der Standpunkt von Vers 23 f. überwunden, wo die Entscheidung über Iasons Leben und Tod den

Göttern überlassen wurde. In dem bisherigen zweiten Hauptabschnitt (21—38) handelte es sich um die Alternative: Grausamkeit oder Menschlichkeit. Humane Behandlung verdient Iason, obwohl er kein Colcher ist, und zwar aufgrund der besonderen Vorzüge, die Medea aufzählt. In den mehr politisch-juristisch akzentuierten Versen 21—23 wird der Geliebte als *hospes* bezeichnet, in den folgenden Zeilen, die das Mitleid betonen, aber mit seinem persönlichen Namen.

Medea kommt nun zum Kernpunkt ihres Konfliktes: Soll sie ihr Vaterland verraten, nur damit Iason sie nachher womöglich im Stich läßt (38—50)? In dieser Sicht wird aus dem Geliebten plötzlich wieder ein hergelaufener Fremder (*nescio quis advena, 39*). Beim Gedanken an eine mögliche Untreue des Mannes blitzt für einen Augenblick die Dämonie der Zauberin auf: *occidat ingratus* (43). Doch die Liebende weist diesen Verdacht sofort wieder von sich. Iasons Gesichtszüge, seine edle Wesensart und sein gewinnendes Äußeres machen eine Untreue unwahrscheinlich. Iasons Schönheit als Garantie für seine Treue! Die Liebe macht Medea blind. Sie weiß freilich ein Mittel, ihn an sich zu binden: Treuwort und Eid. Der Wortlaut erweckt den Eindruck, als wolle Medea auch die Götter mit Gewalt ihren Zwecken dienstbar machen (*cogamque in foedera testes esse deos,* 46 f.)[55].

Die Aufforderung an sich selbst wird intensiviert durch die rhetorische Frage und die imperativische Form (47 f.). Der Ton ist noch resoluter als in Vers 37 f. Als Belohnung schwebt Medea Iasons ewige Dankbarkeit vor, die Hochzeitsfackel und die Anerkennung ihrer Erlöserrolle *(servatrix)* im Kreise der griechischen Frauen (48—50).

Es bleibt das schon oben (38) angeschnittene Problem des Vaterlandsverrates. Jetzt stellt Medea die Frage so, daß ihr die Antwort leichter fallen muß. Es geht nur noch um das Verlassen der Heimat, der Angehörigen und der heimischen Götter (51 ff.). Dieser Gesamtkomplex, aus dem das Thema Verrat geschickt ausgegliedert ist, wird nun stückweise analysiert: der Vater ist grausam, die Heimat barbarisch, der Bruder noch klein, die Schwester auf Medeas Seite, und der größte Gott, Amor, wohnt in Medeas Herzen (*maximus intra me deus est,* 55). Durch diese Argumentationsweise ist indirekt das Thema Verrat vom Tisch gefegt. Der Gott in Medeas Herzen ist größer und mächtiger als die Gottheiten der Heimat. Damit wird ein Satz des Anfangs wieder aufgenommen (*nescio quis deus obstat,* 12). Widerstand ist zwecklos. Man sieht, mit welch verschiedenem Maß Medea mißt: Sie erwartet, daß die Götter, die sie verrät, ihr Iasons Treue garantieren sollen.

*Non magna relinquam, magna sequar* (55 f.): Gibt sie ihr Vaterland auf, so gewinnt sie dafür die Ehre, die griechischen Helden gerettet zu haben, den Genuß höherer Kultur und Zivilisation, vor allem aber ein göttergleiches Eheglück mit Iason. Dieses Textstück erweckt zusammen mit den Versen 48—50 den Eindruck einer Selbstapotheose. In erster Linie strebt Medea hier nach Verfügungsgewalt über Götter und Menschen — dies entspricht dem Charakter der Magierin. Medea hat den Entschluß, das Vaterland zu verlassen, in den

---

55 Den Zwang wird Medea natürlich nur auf Iason ausüben können.

Versen 51—61 erst negativ, dann positiv begründet. Mit wenigen Worten entkräftet sie nun einen letzten Einwand: die Gefahren der Seefahrt (Symplegaden, Charybdis, Scylla). Zusammen mit Iason wird Medea nichts fürchten, und wenn sie sich schon ängstigt, dann nur um ihn (68). Sie nennt ihn bereits ihren Gemahl (*coniunx*, 68; vgl. 60). Dieses Stichwort bietet nun Anlaß zu einer selbstkritischen Wiederaufnahme, wie wir sie schon ähnlich in Vers 18 und 23 f. beobachtet haben. Diesmal ist es freilich die Stimme des Gewissens, die sich dieser Form bedient: *Coniugiumne putas speciosaque nomina culpae / inponis Medea, tuae?* (69 f.). Der an das vierte Aeneisbuch (4,472) anklingende Satz verschiebt das Problem auf eine Ebene, die seine Lösung erleichtert. Es geht nicht mehr um Verrat am Vaterland, sondern darum, die Liebe zu Iason durch ein Eheversprechen abzusichern. Der letzte Satz ihrer Rede offenbart freilich Medeas Unrechtsbewußtsein (*nefas, crimen,* 71), und zwar, wie die folgenden Verse erkennen lassen, auch in bezug auf ihr Vaterland. *Rectum, Pietas, Pudor* stehen ihr vor Augen und tragen vorerst den Sieg über Cupido davon. Ovid schließt hier mit anschaulichen Personifikationen, die den zugrundeliegenden Gegensatz bildhaft verdeutlichen. Aus dem Seelenkampf wird zum Schluß beinahe eine Psychomachie zwischen den Tugenden und dem Liebesgott.

Die Gesamtlinie der Argumentation bewegt sich auf die Unterstützung Iasons zu. Erst am Ende tritt eine überraschende Wendung ein. In unserem Monolog bedient sich die Leidenschaft rationaler Argumente, während die *ratio* nur wenig argumentiert. Vor allem ist die Schlußwendung zugunsten der Vernunft recht abrupt. Wahrscheinlich ist es vorsichtiger, den zugrundeliegenden Gegensatz nicht einseitig auf *mens* und *cupido* zuzuspitzen, sondern auch die anderen Polaritäten zu beachten: Liebe oder *pietas*, Zivilisation oder Barbarei, Selbstverwirklichung oder Unterordnung.

Medeas Rede kann man als Entscheidungsmonolog verstehen (wobei die Entscheidung freilich der Haupttendenz der Argumentation zuwiderläuft), aber auch als einen Prozeß der Klärung einer Situation durch Dialog mit sich selbst. Innerhalb der Medearede wird auf vielfältige Weise argumentiert, und zwar in rhetorischen Formen: Bereits die Wortwahl trifft bestimmte Vorentscheidungen (s. die verschiedenen Bezeichnungen für Iason und für Medeas Verhältnis zu ihm). Vorstellungen werden durch anaphorische Reihung intensiviert. Ein Gedanke wird durch Ausmalen der untragbaren Konsequenzen seines Gegenteils herausgearbeitet (*reductio ad absurdum)* und rhetorisch noch durch Hyperbel und Sarkasmus verstärkt. Ein subtiles Mittel des Übergangs ist die Wiederaufnahme gleicher Wörter in verändertem Sinne. Hinzu treten Parenthesen, in denen das Unterbewußte zur Sprache kommt. So macht Ovid zahlreiche rhetorische Mittel der psychologischen Analyse dienstbar. Ein Unterschied zwischen erzählender Literatur und zweckgerichteter Rede zeigt sich andererseits daran, daß die Rede nicht mit letzter Konsequenz auf ein bestimmtes Überredungsziel hin orientiert ist, sondern am Anfang stärkeres Schwanken verrät und am Ende überraschend in eine der Gesamttendenz zuwiderlaufende Folgerung mündet. Trotzdem bleibt der Einfluß der Rhetorik auf unseren Monolog beachtlich.

Die folgende Szene reicht von Vers 74—99. Iason trifft Medea im heiligen Hain der Hekate. Die äußeren Umstände dienen wiederum nur der Vorbereitung (*ibat, tegebat,* 74 f.). Die bisherige Feuermetaphorik setzt sich fort (*resederat ardor;* vgl. oben 9; 17; 22 u. a.). Das plötzliche Eintreten des Hauptereignisses unterstreicht ein cum inversivum (77), dabei steht das äußere Geschehen im historischen Präsens, das innere im historischen Perfekt: *Cum videt Aesoniden, extinctaque flamma reluxit.* Das besondere Gewicht, das Ovid hier auf das Psychologische legt, beeinflußt auch im folgenden den Tempusgebrauch. In der Schilderung von 78—85 dominieren die Perfekte. Die Liebe flammt wieder auf, wie unter der Asche verborgene Glut, wenn sie bewegt wird. Aus der Sphäre der Metapher begibt sich der Dichter also in die auffälligere des epischen Gleichnisses. Es gliedert sich in einen mit *ut* und einen mit *sic* beginnenden Teil, wobei der letztere die Erzählung wieder aufnimmt und weiterführt. Mit *et casu* (84) findet das innere Geschehen eine nachträgliche Bestätigung in einem äußeren Sachverhalt — eine von Ovid häufig angewandte Technik, die auf dem Vorrang des Psychologischen beruht. Beim Anblick Iasons verliebt sich Medea wieder in ihn — und „wirklich war Iason an jenem Tage schöner als sonst. Man kann die Reaktion des verliebten Mädchens verstehen" (84 f.).

Dasselbe beobachten wir auch in Latonas Rede zu den lykischen Bauern. Dort spricht die Mutter von den bittend ausgestreckten Ärmchen ihrer Zwillinge, und die objektive Bestätigung wird erst nachgeliefert: *et casu tendebant bracchia nati* (6,359).

Die Erwähnung von Iasons Schönheit erlaubt es, die Erzählung fortzuführen. Statt uns durch eine detaillierte Beschreibung zu langweilen, schildert Ovid die faszinierende Wirkung auf Medea. Eine positive und zwei negierte Aussagen vermitteln die Vorstellung gebannten Hinstarrens und einer Ergriffenheit, die an Theophanien erinnert (*nec se mortalia demens ora videre putat,* 87). Man beachte den Wandel der Bezeichnungen für Medea (*fortis,* 76; *amanti,* 85; *demens,* 87).

Iasons Bitten und Versprechungen füllen nur einen Gliedsatz; das Hauptaugenmerk gilt wieder Medea und ihren Worten und Empfindungen. Nachdem er ihr die Ehe versprochen hat, sieht sie, was sie zu tun hat. Auf das Eheversprechen hatte sich die Fragestellung schon gegen Ende des großen Monologs (69 f.) zugespitzt. In Medeas Worten liegt tragische Ironie (92 f.): Sie geht sehendes Auges in ihr Unglück. Amor ist die einzige Macht, die sie täuschen kann. Vers 92 *(video)* greift zurück auf Vers 20. Iason schwört wunschgemäß bei Hekate, bei dem Gott des Haines und bei dem Sonnengott, dem Vater seines künftigen Schwiegervaters Aeetes. Mindestens die Gottheit des Haines und der Vater des Schwiegervaters sind aber durch Medeas Landesverrat betroffen. Tut Medea gut daran, gerade diese Gottheiten anzurufen? Wendet ihr Pakt mit Iason sich nicht gegen Colchis und Aeetes? Der Abschluß des Pakts unter Anrufung von Gottheiten, die ihm feind sind, ist im Grunde schon in Medeas Rede vorweggenommen, wie oben gezeigt wurde. Das Äußere (Übergabe der Zauberkräuter mit Gebrauchsanweisung und die Rückkehr Iasons) wird in ovidischer Manier in zwei Versen abgetan. Über Medeas

Seele erfahren wir hier entschieden mehr als über diejenige Iasons, der „froh zurückkehrt" (99). Kein Wort über tiefe Liebesempfindungen! Iason ist offenbar nur erleichtert, da er jetzt hoffen darf, die ihm von Aeetes auferlegten Proben bestehen zu können.

Die Exposition für die Ereignisse des folgenden Tages vollzieht sich in drei Stufen: Morgenröte (Plusquamperfekt), Aufmarsch der Bevölkerung auf dem Marsfeld (historisches Präsens), Platznehmen des Königs (historisches Perfekt). Die Reihung der Tempora ergibt als solche eine Steigerung. Die poetische Syntax kann hier satzverbindende Partikeln entbehren.

Mit *ecce* stellt Ovid uns nun die feurigen Stiere vor Augen; dabei greift er wieder zum historischen Präsens (*efflant*, 104; *ardent*, 106). Der Steigerung des Eindrucks dient das nach griechischem Muster zusammengesetzte Adjektiv *aeripedes* (105) und die Metonymie *Vulcanum* (104), welche die überirdische Gewalt ihres Feueratems unterstreicht. Hinzu kommt die indirekte Schilderung: Unter ihrem heißen Anhauch beginnt das Gras zu brennen. Die starke Auswirkung gibt dem Leser eine Vorstellung von der Größe der Ursache. Das stärkste Mittel der Hervorhebung ist jedoch das epische Gleichnis: Eine Vorstellung vom rasselnden Atem der Stiere vermittelt das Dröhnen einer brennenden Esse und das Zischen beim Löschen erhitzten Kalkes mit Wasser. Ovid entdeckt die Poesie der Technik, indem er präzise akustische Beobachtungen, die der Leser kennt, zum Aufbau einer poetischen Phantasievorstellung verwendet.

So stellt uns Ovid die Gewalt der feurigen Stiere eindringlich vor Augen, bevor er den Helden auf sie zugehen läßt (110). Allein durch die Anordnung der Vorstellungen wird Iasons Auftritt zu einem Beweis seines Mutes (unterstrichen durch *tamen*, 110). Die äußere Beschreibung der Stiere selbst erfolgt erst jetzt, wo wir sie mit Iasons Augen (also gewissermaßen in Nahaufnahme) sehen. Die Schilderung ist nicht statisch: Die Stiere wenden dem Heros den Kopf zu, wirbeln mit den Hufen Staub auf, brüllen und stoßen Rauch aus.

Es folgt die Reaktion der zuschauenden Argonauten, die um ihren Anführer zittern: *deriguere metu Minyae* (115). Iason freilich nähert sich den Stieren, streichelt sie und zwingt sie, den Pflug zu ziehen. Die äußeren Handlungen werden im historischen Präsens berichtet (115—119), die Innenseite des Geschehens offenbart das historische Perfekt *sensit* (116). Der Grieche spürt den Feuerhauch nicht. Eine Parenthese verweist auf die mächtige Wirkung der Zauberkräuter (116). Die Auffälligkeit des Wunders ist somit durch Tempuswechsel und parenthetische Erläuterung doppelt hervorgehoben.

Iasons Erfolg spiegelt sich von neuem in den Reaktionen der beiden Teile des Publikums. Ovid differenziert hier fein: Die Colcher staunen, die Argonauten ermutigen ihren Helden durch Zurufe. Die Einbeziehung der Zuschauer gestattet es, die Perspektive des Lesers in die Darstellung einzubringen, der sich in das auf der ‚Bühne' mitspielende Publikum einbezogen fühlt (‚Guckkasteneffekt').

Es folgt die Aussaat der Drachenzähne (121 ff.). Ihre Entwicklung zum Menschen schildert Ovid anschaulich; als passenden Vergleich wählt er das Wachstum des Kindes im Mutterleib (123—130), ein Bild, das auch der Epikureer

Lukrez (5,801—825) verwendet, um seine naturwissenschaftliche Theorie der Entstehung von Menschen aus der Erde zu veranschaulichen! Ovid reichert hier den Mythos durch ‚naturwissenschaftliche' Anspielungen an (eine Vorstufe späterer science fiction), wie sie durchaus nicht auf den Rahmen des Werkes (Buch 1 und 15) beschränkt sind. Die soeben entstandene Kriegerschar steht bereits in voller Rüstung da (ein neues Wunder, auf das eine vorausgeschickte Parenthese hinweist: *quodque magis mirum est,* 130). Iasons Gefährdung durch diese Gestalten wird wiederum aus der Perspektive seiner Freunde gesehen, die sich um ihn ängstigen (während Furcht sonst bei einem epischen Helden unstatthaft wäre). So trägt auch hier das Echo aus dem Publikum zur Vermenschlichung der Darstellung bei. Das Schütteln der Waffen bildet den Übergang zur Schilderung der Reaktion der Zuschauer, die jetzt zum zweiten Mal den Mut verlieren (133, vgl. 115). Neu ist jedoch der Hinweis auf Medeas sorgenvolle Angst. Hierin liegt eine Steigerung des Pathos: Iasons Bedrängnis spiegelt sich in Medeas teilnehmender Seele. Der ungleiche Kampf eines Einzelnen gegen viele tritt uns so in all seiner Bedrohlichkeit vor Augen (135). Medea ergänzt die Wirkung ihrer Kräuter durch ein Zauberlied (das Nebeneinander von *gramina* und *carmen* ist beabsichtigt)[56]. Iason wirft einen großen Stein mitten unter die Feinde, so daß diese von ihm abgelenkt werden und sich gegenseitig töten (139—142). Ob dieser Einfall Iasons eine Folge des Zauberliedes ist, bleibt offen. Die Achiver beglückwünschen den Sieger und umarmen ihn. Wieder bietet sich eine Parallelisierung der Freunde mit der Geliebten an. Auch Medea würde Iason gerne umarmen, aber sie scheut sich, es öffentlich zu tun, und stattet den Zaubergöttern in der Stille ihren Dank ab. Ovids Anrede an Medea (144 f.) drückt Teilnahme aus. Die Pointe der Stelle ist von Anderson nicht verstanden, wie die Reihenfolge der Verse in seiner Ausgabe (Leipzig 1977, S. 151) zeigt. Die richtige Anordnung wäre die folgende: Zuerst klingt der Wunsch auf, den Sieger zu umarmen (144). Unmittelbar hierauf folgt die Gegenwirkung des *pudor* (146). Selbst diesen hätte Medea jedoch überwunden: *at complexa fuisses* (146). Was sie dennoch letzten Endes wieder abhält, ist *reverentia famae,* die Scheu vor dem Gerede. Wie andere, so rechnet auch Anderson hier mit einer Doublette (s. den kritischen Apparat seiner Ausgabe). Das würde voraussetzen, daß *pudor* und *reverentia famae* dasselbe bedeuten. Für Ovid liegt jedoch die Pointe darin, daß Medea ihre Scham durchaus überwinden könnte, aber aus Klugheit die Zurückhaltende spielt, um ihr Komplott mit Iason geheimzuhalten. In der von mir vorgeschlagenen Reihenfolge stehen die Verse in den (guten) Handschriften F, L und P[2].

Die Einschläferung des Drachens (der in Vers 150 f. geschildert wird) und der Raub des Goldenen Vlieses bilden, in Form von Gliedsätzen, den Vorspann für die Heimkehr nach Iolkos (158). So ist die Schlußpartie der Erzählung ebenso stark gerafft wie die Einleitung.

Es gibt zwei Hauptteile: das innere Drama Medeas und das äußere Drama Iasons mit den Stieren. Dazwischen steht als Herzstück die Begegnung der beiden Liebenden im heiligen Hain unter dem Grundthema *amor* (Stichworte:

---

56 Vgl. auch Ov., *met.* 14,34 *carmine cum tantum, tantum quoque gramine possim.*

*amor*, 93; *amanti*, 85; Feuersymbolik 76 ff.). Medeas Perspektive dominiert in allen Szenen. Gegen Ende wird Medea sogar angeredet (144 ff.). Um so auffälliger ist am Ende ihre Bezeichnung als *spolia* (157). Gerade sie, die als Subjekt eine so beherrschende Rolle spielte, ist hier zum Objekt geworden. Darin liegt auch eine gewisse Ironie. In Wahrheit hat sich Iason von Medeas Magie abhängig gemacht. Er verdankt ihr alles (48 und 164). Im Grunde genommen ist er in der zweiten Hauptszene nur ein Scheinheld; denn seine ganze Leistung beruht nur auf Medeas Zauberei, deren Macht gebührend hervorgehoben wird (116; 137 f.; 167). Obwohl Medea sich äußerlich zurückhält, beherrscht sie das ganze Geschehen. Ein zentrales Motiv ist dementsprechend Medeas Hilfe für Iason. Sie weiß selbst, daß die Liebe sie verblendet (93). Äußerlich erreicht Medea ihr Ziel: Sie ist jetzt Iasons Gattin (*coniunx*, 158; vgl. ihren Wunsch 49, 60, 68). In dem Freudenfest bei der Heimkehr (159 ff.) scheinen Medeas Wunschvorstellungen (49 f.) verwirklicht zu sein, obwohl Thessaliens Frauen das Fest in Wirklichkeit nicht um Medeas willen, sondern wegen der Heimkehr ihrer Söhne veranstalten. Und auch Iasons Dankbarkeit bleibt nicht aus (164 ff.; vgl. 48). Aber seine Dankesworte bilden nur die Einleitung zu einer neuen Bitte: der Verjüngung seines Vaters Aeson.

So schließt sich die nächste Erzählung an, wobei Motivanklänge die Kontinuität hervorheben. Trotzdem ist die Partie 1—158 in sich geschlossen und sogar symmetrisch aufgebaut. Sie bildet ein fünfteiliges Ganzes (s. die Übersicht).

### Anhang: Aufgaben und anzustrebende Unterrichtsergebnisse bei einer umfangreichen vergleichenden Textarbeit

(Vergleichstext: Ovid, *epist.* 12 ‚Medea an Iason‘, bes. 1—130)

(1) *Welche Parallelen gibt es zwischen den beiden Texten?*
Vorherrschen von Medeas Perspektive (wörtliche Berührung z. B. *epist.* 12, 99 f.: Sogar Medea, die Iason das Zaubermittel gab, hat Angst um ihn).

(2) *Welche Züge sind in den ‚Metamorphosen‘ ausgelassen oder für eine spätere Stelle innerhalb der Erzählung aufgespart?*
In den ‚Metamorphosen‘ werden die Arbeiten, die Iason ausführen soll, in der ersten Szene noch nicht ausdrücklich aufgezählt (anders *epist.* 12,41—52 und 12,61), da im Epos die Ereignisse nachher für sich selbst sprechen sollen. In der ‚Heroide‘ kommt es darauf an, die Schrecken, die Iason drohen, von Anfang an klarzustellen, um die große Bedeutung von Medeas Hilfe ins rechte Licht zu rücken. In den ‚Metamorphosen‘ fehlt ein Hinweis auf Medeas Brudermord. So bleibt in der gesamten Argonautenerzählung (bis 158) und noch darüber hinaus das Medeabild ungetrübt. Die dämonischen Schatten fallen auf sie erst spät: *met.* 7,257 ff.: Die angebliche Verjüngung des Pelias ist eingeleitet durch *neve doli cessent* (7,297). Dagegen ist in dem Heroidenbrief der Brudermord angedeutet (115—120).

Der Monolog in den ‚Metamorphosen‘ tritt an die Stelle der schlaflosen Nacht in der ‚Heroide‘. Die Seelenschilderung in der Epistel ist mit feinen

Strichen gezeichnet und nur knapp angedeutet. Die Nebenrolle der Schwester, die für die Argonauten um Hilfe bittet, hat Ovid in den ‚Metamorphosen‘ gestrichen. Im Epos sind die wesentlichen Züge mit plastischer Schärfe herausgearbeitet.

(3) *Welche Folgen hat die Wahl des Zeitpunkts für die Gestaltung des Metamorphosenmonologs bzw. des Heroidenbriefes?*
Vorausschau bzw. Rückblick, liebevolle Begeisterung bzw. Eifersucht und Enttäuschung. Verschiedene Bewertung des Vaterlandsverrates: im Monolog Verharmlosung, in der ‚Heroide‘ ‚Sündenbekenntnis‘. Auch das Überredungsziel ist verschieden: In den ‚Metamorphosen‘ sucht Medeas Unterbewußtsein nach Argumenten, um Iason zu helfen; in der ‚Heroide‘ will Medea Iason vor Augen stellen, was sie um seinetwillen geopfert hat.
Auch die Gefahren, die unterwegs lauern, werden verschieden behandelt: Im Monolog dient die Erwähnung der Symplegaden und anderer Schrecknisse nur dazu, Medeas grenzenloses Vertrauen zu Iason und ihre liebende Sorge um ihn zu unterstreichen, in der Epistel bedauert Medea, daß Iason und sie selbst diesen Gefahren entgangen sind (*epist.* 12,123—128).
Ovid tut in den ‚Metamorphosen‘ Medeas Kindermord mit wenigen Worten ab. Dagegen steht der Kindermord im Medeabrief unmittelbar bevor (189—214). Es wirkt besonders unheimlich, daß Medea sich hier auf dunkle Anspielungen beschränkt.
Medea deutet im Heroidenbrief die Grenzen ihrer Kunst an: Ich konnte Schlangen und wilde Tiere zähmen, aber nicht den Mann Iason (165 f.). Ich konnte die Flammen von Iason fernhalten, aber nicht dem Feuer in meiner eigenen Brust entrinnen (167 f.). Ich konnte einen Drachen einschläfern, finde aber selbst keinen Schlaf (173). Viel zurückhaltender ist die Selbstkritik in den ‚Metamorphosen‘ (da die Enttäuschung durch Iason noch nicht eingetreten ist: 7,20 f.; 92 f.).

(4) *Warum wird im Heroidenbrief Iasons Rede (75—90) angeführt, in den ‚Metamorphosen‘ nicht?* (Verstärkung des Vorwurfs, daher wörtliches Zitat seines Treueversprechens).

(5) *Neues in den ‚Metamorphosen‘:* Ausführliche Schilderung der erzfüßigen Stiere, verstärkt durch episches Gleichnis; Ausmalung des Werdens der Erdgeborenen, ebenfalls durch Gleichnis unterstrichen. Auch das epische Gleichnis für Medeas Liebesleidenschaft ist in den ‚Metamorphosen‘ ausführlicher.

*Weitere Paralleltexte* wären:
(1) Antike Tragödien (Euripides, Medea; Seneca, Medea): Lust am Bösen.
(2) Apollonios Rhodios, Argonautica, Buch III: Erwachen der Liebe.
(3) Grillparzers Trilogie ‚Das Goldene Vlies‘ (wo das Schuldproblem ganz im Vordergrund steht).
(4) Als Zauberin, die durch ihre Künste tatsächlich große Macht besitzt, ist Medea mit Circe (Buch 14) zu vergleichen.

## Literatur

H. Bolte: Der Konflikt zwischen Willen und Sein in Ovids ‚Metamorphosen', Diss. Freiburg 1956 (masch.).

K. Büchner: Ovids ‚Metamorphosen', in: Ders.: Humanitas Romana. Studien über Werke und Wesen der Römer, Heidelberg 1957, S. 203—228, bes. S. 220—228.

H. Diller: Die dichterische Eigenart von Ovids ‚Metamorphosen', in: Gymnasium 45, 1934, S. 25—37; jetzt in: M. v. Albrecht/E. Zinn (Hrsg.): Ovid, Darmstadt 1968, S. 322—339, bes. S. 328—332.

R. Heinze: Ovids elegische Erzählung, Leipzig 1919, S. 111—113.

## Text 10:  Daedalus, Icarus und Perdix (8,152—259)

### Übersicht

A. 152—168  Daedalus erbaut das Labyrinth.
   169—182  Theseus tötet den Minotaurus und verläßt Ariadne, deren Krone von Bacchus in ein Sternbild verwandelt wird.

B. 183—235  Haupterzählung:
   183—202  Herstellung der Flügel.
   203—209  Flugunterricht.
   210—235  Flug und Absturz des Icarus.

C. 236—259  Daedalus erregt die Schadenfreude des Rebhuhns, in das sein früherer Schüler Perdix verwandelt worden war. Ihn hatte Daedalus aus Künstlerneid vom Felsen herabgestürzt, und Minerva hatte ihn in ein Rebhuhn verwandelt.

Das achte Buch begann mit der Erzählung von Scylla, die aus Liebe zu Minos ihre Vaterstadt verrät und, während sie sein Schiff verfolgt, in einen Wasservogel verwandelt wird. Die Gestalt des Minos, die bereits im vorigen Buch als Feind Athens eine Rolle gespielt hatte (456 ff.), bildet die Überleitung zur Daedalus-Geschichte. Am Anfang unserer Erzählung beweist Minos durch eine Hekatombe (ein Opfer von hundert Stieren) seine Jupiter-Frömmigkeit (der er übrigens sein Amt als Totenrichter verdanken wird). Es ist eigentümlich, wie Ovid diesen Gerechtesten der Sterblichen ins Zwielicht rückt: Minos weist die Liebe der feindlichen Königstochter Scylla zurück, was man vielleicht noch als Ausdruck extremer Rechtlichkeit verstehen kann; aber seine eigene Gattin hat so viel Treue kaum verdient, da sie inzwischen von einem Stier den Minotaurus empfangen hat. Um diese Familienschande zu verbergen, beauftragt Minos den größten Künstler seiner Zeit, Daedalus, das Labyrinth zu bauen, und raubt Daedalus anschließend die Freiheit.

Ein Gleichnis kennzeichnet die Unübersichtlichkeit des Labyrinths: Der gewundene Lauf des Flusses Mäander in Kleinasien war in der Antike sprichwörtlich. Ovid arbeitet hier die Widersprüche absichtlich in paradoxer Form heraus: Hysteron proteron *refluitque fluitque* (163). Paradox sind auch die Behauptungen, der Fluß begegne sich selbst, sehe die künftigen Wellen (164) und fließe bald zur Quelle, bald zum offenen Meer (165). Auch hier stellt Ovid das Zurückfließen *(ad fontes)* vor die reguläre Stromrichtung. Der Gipfel der Paradoxie wird erst im zweiten Teil des Gleichnisses, im ,So-Teil' erreicht. Die täuschende Wirkung des Labyrinths ist so vollkommen, daß der Meister selbst kaum den Rückweg zum Eingang findet. Der von Daedalus selbst geschaffene *error* täuscht den Meister: zunächst nur eine geistreiche Kennzeichnung des Labyrinths, aber im Hinblick auf die Icarushandlung ein Hinweis auf den Irrtum des Daedalus und auf die Gefährlichkeit der Kunst für den Künstler selbst! Und noch mehr: Das Labyrinth ist mit Trug erfüllt *(fallacia,* 168). Daedalus wird (im dritten Teil) im wirklichen Leben als Lügner entlarvt werden *(mentitus,* 251).

Der folgende Abschnitt kehrt zu Theseus zurück: Wir befinden uns immer noch in der Auseinandersetzung zwischen Athen und Kreta; im siebten Buch (404 ff.) war Theseus kaum dem Giftbecher Medeas entronnen; jetzt taucht er wieder als Sieger über den Minotaurus und als ungetreuer Liebhaber Ariadnes auf (169–176). Unmittelbar nach unserer Erzählung wird Theseus stärker in den Mittelpunkt treten. Ovid drängt hier den Bericht in wenige Verse zusammen und drückt sich absichtlich rätselhaft aus (169: die „Doppelgestalt des Stieres und Mannes": den Minotaurus; „mit Hilfe einer Jungfrau": Ariadne gab Theseus einen Faden, der es ihm ermöglichte, den Weg aus dem Labyrinth zurückzufinden). Der Autor verfremdet hier eine damals allgemein bekannte Erzählung und gibt ihr durch die soeben charakterisierte Ausdrucksweise den Reiz des Geheimnisvollen. Es entspricht hellenistischer Technik, das von anderen Dichtern bereits Behandelte nur kurz zu streifen und dafür das von jenen Übergangene eingehender auszumalen. Die Ariadne-Geschichte war von Catull in seinem Epyllion (einem kürzeren erzählenden Gedicht) über die Hochzeit des Peleus und der Thetis *(carm.* 64) behandelt worden; eine ähnliche Kunst der Raffung finden wir bei Ovid im 13. und 14. Buch, wo er von Vergil Dargestelltes knapp zusammenfaßt[57]. Zur Straffung trägt die Verwendung temporaler Gliedsätze mit *postquam* (169) und *ut* (172) bei.

Der Zusammenhang dieser Episode mit dem weiteren Kontext innerhalb der ,Metamorphosen' wird durch die Patronymika unterstrichen: Theseus erscheint als Sohn des Aegeus *(Aegides,* 174, ebenso 405 und 560; Aegeus war im siebten Buch genannt worden: 7,402, 420, 454), und Ariadne wird als Tochter des Minos eingeführt *(Minois,* 174), auf dessen Bedeutung im weiteren Kontext wir bereits hingewiesen haben. Der zügig fortschreitende Bericht kommt in Vers 176 mit *destituit* zu einem ersten Ruhepunkt, dessen Vorläufigkeit jedoch dadurch verdeutlicht wird, daß der Satzabschluß in der Mitte des Verses liegt (Penthemimeres). Die Zäsur wird weiterhin durch die Wiederaufnahme des Verbs in einem Synonym überbrückt, wobei der Wandel der Verbalform den Fortschritt des Geschehens und den Wechsel der Perspektive von Theseus zu Ariadne signalisiert: *destituit; desertae:* Passiv statt Aktiv. Im kleinen be-

---

57 S. z. B. S. Döpp: Virgilischer Einfluß im Werk Ovids, Diss. München 1968.

zeichnet *querenti* als Partizip der Gleichzeitigkeit ein kurzes Verweilen bei der Klage der Verlassenen. Das Eingreifen des Dionysos *(Liber)* wird durch das Zeugma *(amplexus et opem tulit)* allumfassend verdeutlicht.

Die Darstellung der Verwandlung ist in sich von einem erneuten Wechsel des Subjekts gekennzeichnet; zunächst handelt Liber (ein vorausgeschickter Final-satz macht uns mit der Intention des Gottes bekannt, 177 f.). Die Schnellig-keit des göttlichen Handelns kommt in der Abfolge eines participium con-iunctum *(sumptam de fronte coronam*, 178) und einer auffallend kurzen und schlichten Hauptaussage *(immisit caelo*, 179) zum Ausdruck. Hierauf wird die Krone zum grammatikalischen Subjekt, jedoch nur für die Dauer eines halben Verses. Der Blick konzentriert sich dann auf die Edelsteine der Krone (die Wiederaufnahme von *volat* durch *dumque volat* unterstreicht den inneren Zu-sammenhang mit dem Vorhergehenden). Die Verwandlung der Edelsteine in feurige Sterne bestätigt das ovidische Prinzip, Gleiches in Gleiches übergehen zu lassen. Was ist die Funktion dieser mythischen Metamorphose im Zusam-menhang der Daedalus-Geschichte? Ariadnes Krone hat den Weg zum Him-mel gefunden, aber nur durch das verwandelnde Eingreifen eines wahren Got-tes. Wir werden das Thema ,Himmel' und ,göttergleicher Rang des Men-schen' in der Daedalus-Geschichte in ganz anderer Bedeutung wiederfinden.

Daedalus wird uns zunächst in seiner inneren, dann in seiner äußeren Situa-tion vorgestellt. Die Disproportion zwischen der ausführlichen Darstellung seines Hasses auf Kreta, seiner Sehnsucht nach der Heimat einerseits und der kurzen Kennzeichnung seiner Gefangenschaft *(clausus erat pelago)* andererseits bringt stilistisch die Polarität zum Ausdruck, die das Geschehen in Gang set-zen wird. Die kurze Rede des Daedalus greift mit dem Stichwort *caelum* ein Motiv der unmittelbar vorhergehenden Ariadne-Geschichte wieder auf. Dae-dalus wählt den Luftweg, der dem Einfluß des sonst so allmächtigen Minos entzogen ist. Trotz ihrer Kürze verwendet die Rede rhetorische Mittel. Man beachte die Steigerung *terras, undas, caelum*[58] und den Gegensatz *omnia possi-deat, non possidet aera,* dessen Wirkung durch chiastische Stellung verstärkt wird. Auch die Kürze der Sätze (186: *ibimus illac*) spiegelt die Kühnheit des Denkers, der sich dem Repräsentanten der Macht geistig überlegen fühlt.

Der folgende Vers, den Joyce zum Motto seines Buches ,A Portrait of the Ar-tist as a Young Man' (1916)[59] machte, ist eine exemplarische Formel für die Kreativität des schaffenden Menschen; *ignotas* bezeichnet etwas noch nie Da-gewesenes[60]. Der Satz *naturamque novat* ist von Voß treffend übersetzt wor-den: „und schafft neue Natur"[61]. Was damit gemeint ist, verdeutlicht ein Paral-leltext von Ovid aus der Liebeskunst: *sunt mihi naturae iura novanda meae* (*ars* 2,42), „ich muß die Rechte meiner Natur neu gestalten". Daedalus greift

---

58 Dieselbe Dreiheit war uns in der Schöpfungsgeschichte begegnet (1,5).

59 Eine weitere Bezugnahme auf die ,Metamorphosen' ebd. unter der Überschrift ,Five', Penguin Books, Harmondsworth 1981, S. 179.

60 Das Adjektiv *ignotus* wird in Vers 209 wiederkehren. Zum Schöpfertum des Künstlers, insbesondere des Dichters, vgl. jetzt G. Lieberg: Poeta creator, Studien zu einer Figur der antiken Dichtung, Amsterdam 1982, der jedoch unsere Stelle nicht berücksichtigt.

61 Ovid, Verwandlungen, von J. H. Voß, Leipzig o. J.

über die dem Menschen von der Natur gesetzten Grenzen hinaus. Wir werden zu prüfen haben, ob ihm dies in vollem Maße gelingt. Die technische Lösung scheint bald gefunden zu sein. Die Herstellung der Flügel wird uns anschaulich im historischen Präsens vor Augen gestellt. Das Bild der Rohrflöte verdeutlicht die (wie wir sagen würden) ,orgelpfeifenartige‘ Anordnung der Federn, und für die Krümmung nennt Ovid als Vorbild die *verae aves*. Dieser Ausdruck impliziert bereits, daß Daedalus nicht zum wirklichen Vogel werden kann. Die Wahl des Verbums *(imitari)* zeigt, daß es sich nur um Nachahmung handelt. Daedalus kann offenbar seine Natur doch nicht umschaffen, sondern ist darauf angewiesen, ein Nachahmer zu bleiben. Das Thema ,Nachahmung der Vögel‘ wird sich übrigens im nächsten Gleichnis (213 ff.) fortsetzen.

Vom Künstler wendet sich der Blick nun dem Knaben zu. Diesem Wechsel der Perspektive entspricht der Übergang vom historischen Präsens zum Imperfekt, das sich vorzüglich für die Beschreibung des ahnungslos spielenden Kindes eignet (,Hintergrundtempus‘). Dagegen wird das wunderbare Ereignis des ersten Fluges im Perfekt berichtet, das gewichtig das Tatsächliche hervorhebt. Der Ausdruck „er hing in der bewegten Luft" ist absichtlich naiv, da wir den Flug des Vaters aus der Sicht des staunenden Kindes erleben sollen.

Daedalus ermahnt den Sohn, sich auf einer mittleren Bahn zu halten, um den Gefahren der Sonnenglut und des Wassers zu entgehen. Beim Flug soll sich Icarus nicht nach Sternbildern, sondern nach seinem Vater richten. Beide Ratschläge wird der Knabe nicht befolgen (vgl. 225: *altius egit iter*, und 224: *deseruitque ducem*). Die vergleichbare Warnrede Sols an Phaëthon (z. B. 2,137: *medio tutissimus ibis*) ist erheblich länger; weite Unterschiede sind dadurch bedingt, daß Sol seinem Sohn von der Fahrt abrät und ihn nicht begleitet.

Dadurch daß Daedalus seinen Sohn zum Flug veranlaßt, liegt in der Erwähnung der beiden entscheidenden Fehlerquellen in seiner Mahnrede ein Element tragischer Ironie. Daedalus erkennt zwar die Gefahren, aber in seiner Verblendung verkennt er die Tatsache, daß Icarus zu jung ist, um ihnen zu widerstehen. Dies ist ein tragischer Irrtum.

Ovid unterstreicht die Gleichzeitigkeit der Belehrung und des Anpassens der Flügel; so schreitet die Handlung auch während der Rede voran (208 f.). Die Ahnung der Gefahren kommt in Reflexen zum Ausdruck, die sich der Verstandeskontrolle entziehen: Die Wangen werden feucht, die Hände zittern[62]. Solche Andeutungen ergänzt der ,allwissende Autor‘ durch die explizite Feststellung, Daedalus werde den Kuß, den er Icarus vor dem Abflug gab, nie mehr wiederholen (212). Der Hinweis auf die Zukunft wird syntaktisch mit Hilfe der *-nd*-Form als Attribut in die Erzählung einbezogen, so daß ein Bruch vermieden und nur die ,Beleuchtung‘ verändert ist (*non iterum repetenda*, 212, zu *oscula*).

Es gehört zur Straffheit ovidischen Erzählens in den ,Metamorphosen‘[63], daß der Abflug durch die partizipiale Form (*pennisque levatus*, 212) überspielt

---

62 Diese Motive werden zum Schluß durch das Bild des müden, erschöpften Daedalus (*fatigatum*, 260) überboten werden.
63 Anders *ars* 2,71 f.

wird. Unversehens sind die beiden bereits unterwegs; wie beim Abflug das Schwergewicht auf dem inneren Geschehen lag, so auch jetzt wieder: Ein Gleichnis malt die liebende Sorge des Vaters, der Icarus Flugunterricht erteilt wie ein Vogel seinem Jungen (213—216). Wir werden darauf zurückkommen, daß hier durch die Vergleichspartikel *velut* (wie in Vers 195 durch das Verb *imitari*) der Abstand angedeutet ist, der die beiden Fliegenden von wirklichen Vögeln trennt.

In der Meinung irdischer Zuschauer (der Veränderung der Perspektive entspricht der Tempuswechsel vom Präsens zum Perfekt) werden Daedalus und Icarus zu Göttern. Das Verb *credidit* (220) unterstreicht freilich das Subjektive dieser Ansicht. Daß Daedalus und Icarus keine Götter sind, wird der Fortgang des Geschehens zeigen. Die scheinbare Annäherung an die Himmlischen kommt nicht zufällig zur Sprache, bevor Icarus übermütig wird und die Selbstkontrolle verliert. Dieses wichtige Geschehen, vorbereitet durch einen Rückblick auf die bereits durchmessene Strecke, wird im Perfekt berichtet (223—225). Die Funktionsvertauschung von Haupt- und Gliedsatz *(cum inversivum)* unterstreicht die Wende. Icarus bekommt Freude am Fliegen, verläßt seinen Führer und schlägt eine höhere Bahn ein (er macht also die beiden Fehler, vor denen ihn sein Vater gewarnt hat, wobei gegenüber der Warnrede die Reihenfolge vertauscht ist). Die Folgen seines Handelns erscheinen im Präsens (225 f.): Durch die Nähe der Sonne wird das Wachs weich. Das Schmelzen des Wachses wird erst wahrgenommen, als es schon zu spät ist — dies der Sinn des Plusquamperfekts in Vers 227, das den Hintergrund für die neue Situation darlegt. Im Unterschied zur Parallelfassung in der ‚Ars amatoria‘ (2,89—92) und ganz besonders zur Phaëthon-Erzählung (*met.* 2,178—181) verweilt Ovid an unserer Stelle verhältnismäßig wenig bei den Empfindungen des herabstürzenden Knaben. Ovid schildert hier nur den äußeren Vorgang, das vergebliche Rudern mit den bloßen Armen. Der Ruf nach dem Vater und der Sturz ins Wasser, in der ‚Ars amatoria‘ getrennt dargestellt (2,91 f.), werden in den ‚Metamorphosen‘ partizipial ineinandergeschoben: *oraque caerulea patrium clamantia nomen / excipiuntur aqua* (229 f.). Auch die Aitiologie wird eng an das Vorhergehende angeschlossen: *quae nomen traxit ab illo* (230).

Hierauf wendet sich Ovid dem unglücklichen Vater zu, der kein Vater mehr ist. Diese *correctio* unterstreicht die Tragik des Geschehens. Die Verse 231—233 stimmen fast wörtlich mit der Fassung in der ‚Liebeskunst‘ überein. Allerdings ist das ausdrucksstarke Verb *clamare* ersetzt durch *dicere*, das dem objektiveren Ton der epischen Gattung vielleicht mehr entspricht. Im übrigen stehen am Ende die Empfindungen des Vaters stärker im Vordergrund: Er verflucht seine Künste (234). Diese Aussage knüpft an *damnosas artes* (215) an, wo aber die negative Bewertung nicht der Perspektive des Daedalus, sondern derjenigen des Erzählers entsprang. Der Kontrast zum anfänglichen Stolz des Daedalus (185—187) und der bewundernden Darstellung seiner genialen Erfindung (188 ff.) ist unüberhörbar. Das Thema Kunst war aber noch früher, bei der allerersten Einführung des Daedalus, angeklungen: *Daedalus ingenio fabrae celeberrimus artis* (159). In Vers 201 war Daedalus mit dem Titel *opifex* (Werkmeister, Schöpfer) ausgezeichnet worden. Die Verfluchung der

Künste kontrastiert aber auch mit einem Fall frevelhafter Durchsetzung des eigenen Künstlertums, der das Thema des dritten Teils unserer Erzählung bilden wird.

Ehe wir den Hauptteil verlassen, noch ein Hinweis auf den Tempusgebrauch: Der Schlußabschnitt steht im historischen Perfekt; nur an einer Stelle durchbricht ein Imperfekt die Reihe; es bildet den Übergang zwischen den Rufen des Vaters und dem Anblick der Federn im Wasser, einer erschreckenden Wahrnehmung, bei dem es dem Vater gewissermaßen die Rede verschlägt: *‚Icare‘ dixit … ‚Icare‘ dixit … ‚Icare‘ dicebat: pennas adspexit in undis (dicebat:* „wollte er eben noch einmal sagen"). Dieses Imperfekt bereitet (ähnlich wie das Plusquamperfekt, 227) den Hintergrund für ein neues Ereignis vor.

Den Übergang zwischen dem zweiten und dem dritten Hauptteil der Erzählung bildet das Motiv ‚Bestattung‘. Am Ende des zweiten Hauptteils wird damit ein weiteres Namensaition verknüpft (nach dem dort Begrabenen heißt die Insel Icaria). Am Anfang des dritten Teils wird die neue Perspektive durch den Wechsel des Subjekts deutlich: Von vornherein steht Perdix, die Hauptgestalt dieses Teils, im Mittelpunkt des Interesses, während die bisherige Hauptgestalt zum Akkusativobjekt wird *(hunc)*. Die Tätigkeit des Daedalus vom Ende des zweiten Teils wird partizipial noch einmal in Erinnerung gerufen *(ponentem)*. Die Freude des Rebhuhns kontrastiert schneidend mit der Trauer des Daedalus. Dieser Gegensatz zerstört die Stimmung des Schlusses. Der Fortgang zeigt, daß Ovid außerdem unsere bisherige Sympathie für Daedalus, der am Tod seines Sohnes unschuldig-schuldig geworden war, und damit als tragische Figur unser Mitleid zu verdienen schien, in Frage stellen möchte. Die Tatsache, daß er Icarus zu Schweres zumutete, war kein Frevel, sondern ein Fehler (griechisch: ἁμάρτημα). Damit erfüllte Daedalus eine der Voraussetzungen für eine tragische Gestalt. Jetzt aber ist von einem *crimen* des Daedalus die Rede (240). Dies bedeutet einen weit schwereren Vorwurf: Der griechische Begriff für ein schuldhaftes Vergehen ist ἀδίκημα, ‚eine ungerechte Tat‘. In dieser Sicht erscheint der Verlust des Sohnes als Strafe für den Mord an Perdix, dem Sohn seiner Schwester. Dem Wechsel der Perspektive entsprechen die verschiedenen Bezeichnungen für Daedalus im Laufe der Erzählung[64]. Jetzt wird er zum erstenmal angeredet (*Daedale*, 240); es geht um die Selbsterkenntnis, um das Erkennen der eigenen Schuld.

Perdix hatte schon frühzeitig ungewöhnliche Begabung erkennen lassen. Zweimal wird dem Knaben der Ehrentitel *ingenium* (252 und 254) zuerkannt, den Daedalus nur ganz am Anfang (159) erhielt. Die anschauliche Schilderung der Erfindung der Säge (nach dem Vorbild der Fischgräten) und des Zirkels konkurriert mit der Beschreibung der Fertigung des Flugapparats und des Labyrinths durch Daedalus und kontrastiert Perdix durch seine Frühreife mit

---

64 *ingenio celeberrimus artis* … (159). Rückwirkung der täuschenden Kunst auf den Künstler (166); *opifex* (im Augenblick der Vollendung des Werkes: 208); Greis und Vater (210 f.); scheinbar ein Gott; Höhepunkt: 220; 224: *dux* (in dem Augenblick, wo er verlassen ist: Ironie); 231: *pater infelix* (in dem Augenblick, wo er nicht mehr Vater ist!: *nec iam pater*); 240: *Daedale*: Anrede (Selbsterkenntnis!); 241: *huic*: fast abwertend; 250: Daedalus ist neidisch; 251: er lügt; 260: er ist müde (vgl. 210 f.).

dem noch ganz kindlichen Icarus. Hier hat Daedalus das Wesen des Knaben weit klarer durchschaut als im Falle des Icarus, aber ebenfalls einen falschen Entschluß gefaßt, der im persönlichen Interesse des Künstlers lag und zum Tode des Knaben führte. Aus Künstlerneid hat Daedalus vorsätzlich gemordet und einen Unfall vorgetäuscht. Müssen wir also rückblickend Daedalus die Tragik absprechen, so bleibt zu fragen, wie es in dieser Beziehung um Icarus bestellt ist. Er leidet unschuldig; seine Fehler werden durch seine Jugend entschuldigt, und die Strafe für sie steht in keinem Verhältnis zu seinem jugendlichen Leichtsinn. So wäre sein Untergang eher ‚gräßlich' als tragisch zu nennen. Wahrscheinlich hat Ovid aus diesem Grunde in der ‚Metamorphosen'-Erzählung, besonders gegen Ende, weniger die Empfindungen des Sohnes als die des Vaters geschildert, an dessen Charakterbild und Schicksal ihm mehr gelegen war.

Die Erklärung der Verwandlung fügt dem uns bisher aus anderen Metamorphosen Bekannten einen neuen Zug hinzu: Geistige Eigenschaften können sich in körperliche umwandeln: *vigor ingenii ... in alas inque pedes abiit* (254 f.). Mehr im Sinne der sonstigen Verwandlungsdarstellungen ist der aitiologische Hinweis auf die Konstanz des Namens (vgl. auch oben 230 und 235) und die Erklärung besonderer Verhaltensweisen des Vogels aus den Erfahrungen, die er als Mensch gesammelt hat (256—259). Der zuletzt erwähnte Zug erinnert an Cygnus (*met.* 2,377—380). Der dritte Teil der Erzählung bringt wichtige Themen zum Abschluß, so das Verhältnis zwischen Mensch und Vogel, sowie die Beziehung zwischen Mensch und Gott. Ovid hatte betont, daß Daedalus Vögel „nachahmte" (195) bzw. sich „wie" ein Vogel verhielt (213); Perdix aber wurde ‚tatsächlich' in einen Vogel verwandelt. Die Metamorphose wurde, ähnlich wie die Sternverwandlung von Ariadnes Krone, von einer wirklichen Gottheit vollzogen, während Daedalus und Icarus nur von unwissenden Bauern und Anglern für Götter gehalten wurden, aber letztlich ihre Menschennatur nicht verändern konnten.

## Literatur

Ovid: ‚Metamorphoses' book VIII, ed. with an introduction and commentary by A. S. Hollis, Oxford 1970.

M. v. Albrecht: Römische Poesie, Heidelberg 1977, S. 67—79 (Vergleich mit der Parallelfassung in der ‚Liebeskunst').

M. Havelange: Lecture structurale de ‚Dédale et Icare' d'Ovide (*mét.* 8, 183—235), in: Humanités Chrétiennes 20, 1976—1977, S. 409—418.

Brigitte Hebel: *Vidit et obstipuit*. Ein Interpretationsversuch zu Daedalus und Ikarus in Text und Bild (Ovid — P. Bruegel d. Ä. und ein pompeianisches Wandgemälde — W. H. Auden und A. Rodin), in: Der altsprachliche Unterricht 15,1, 1972, S. 87—110.

Fr. Maier: Ovid: Dädalus und Ikarus. Der Prinzipat des Augustus. Interpretationsmodelle, Bamberg 1981, S. 5—46.

V. M. Wise: Flight myths in Ovid's ‚Metamorphoses': an interpretation of Phaëthon and Daedalus, in: Ramus 6, 1977, S. 44—59.

# Text 11:  Philemon und Baucis (8,616—724)

## Übersicht

A. 626—636  Exposition: An vielen Türen abgewiesen, finden Jupiter und Merkur schließlich Aufnahme bei Philemon und Baucis.

B. 637—678  Bewirtung der Gäste.

C. 679—719  Offenbarung der Götter durch das Weinwunder. Versenkung der Hütten der Frevler, Verwandlung der Hütte der beiden Alten in einen Tempel, Metamorphose von Philemon und Baucis.

Die Erzählungen des achten Buches stehen u. a. im Zusammenhang mit Theseus, so bereits die Geschichte von Daedalus, dem Erbauer des Labyrinths, in dem Theseus den Minotaurus tötet (vgl. 155—182). Durch diese Heldentat berühmt geworden, wird Theseus nach Calydon zur Eberjagd gerufen (260—272). Auf dem Rückweg wird er mit anderen Helden von dem Flußgott Achelous zur Rast eingeladen. Dort erzählt man sich Verwandlungsgeschichten: Nachdem Achelous von der Metamorphose der Echinadeninseln berichtet hat (573—610), leugnet der Sohn des Ixion, Pirithous, die Fähigkeit der Götter, Verwandlungen zu vollziehen (611—615). Zur Bestätigung des Gegenteils erzählt der alte Lelex die Geschichte von Philemon und Baucis.
Wie ein Motto leitet seine unmittelbare Entgegnung die Erzählung ein: Die Macht des Himmels ist unermeßlich, und was die Götter wollen, das ist schon geschehen (618 f.).
Auf diese These folgt der Hinweis auf Eiche und Linde, die als Zeugen einer alten Geschichte in Phrygien stehen. Die Technik ist dieselbe wie im Bericht von den lykischen Bauern: Als Einführung dient die Schilderung eines Ortes, an den sich die Ursprungssage (das Aition) heftet. Wie in der Geschichte von den lykischen Bauern beruft sich der Erzähler auf eigenen Augenschein (*vidi*, 622; vgl. 6,320). Daran schließt sich (wie dort) die Rahmenerzählung mit einem erläuternden *nam* (622; vgl. 6,321). Ovid ergänzt das Bild durch die Schilderung eines stehenden Gewässers (624 ff.), das einst bewohnt gewesen sein soll. Im folgenden werden zuerst die Gottlosen im Sumpf untergehen, dann die geretteten Frommen in Eiche und Linde verwandelt. So bereitet die Einleitung die beiden Verwandlungen in umgekehrter Reihenfolge vor, und es entsteht eine Ringform.
Mit *huc* geht die Ortsschilderung in die Haupterzählung über: Jupiter und Merkur klopfen vergeblich an tausend Türen. Nur die bescheidene Hütte des alten Ehepaares Philemon und Baucis nimmt sie auf. Man beachte die Anapher, die den Kontrast unterstreicht: *mille domos adiere ... mille domos clausere*, 628 f. Ähnliche Stilfiguren versinnbildlichen das gemeinsame Schicksal von Philemon und Baucis: *Baucis ... Philemon*, 631; *illa ... illa*, 632; *iuvenalibus ... consenuere*, 632 f.; *fatendo ... ferendo, consenuere ... effecere*, 633 f.; *dominos ... famulosne*, 635; *parentque ... iubentque*, 636. Die besondere stilistische Anmut hat Aussagekraft. Sie gipfelt in einer geistvollen Paradoxie, die die Lösung aller sozialen Probleme durch die Liebe andeutet.

Damit ist die Exposition abgeschlossen. Mit *ergo ubi* (637) führt uns der Dichter mitten in die Handlung. Daß die Götter eingetreten sind, setzt der temporale Gliedsatz bereits voraus (637 f.); das Hauptaugenmerk gilt der Freundlichkeit der Gastgeber (Hauptsätze 639 ff.).

Der Kontrast zwischen der Majestät der Götter und dem mehr als bescheidenen Häuschen kommt in der Tatsache zum Ausdruck, daß die Wörter *caelicolae* und *parvos* (637) unmittelbar nebeneinander stehen. Dasselbe macht eine Gebärde sinnfällig: Um eintreten zu können, müssen die Götter den Kopf einziehen (638).

Die beiden Gastgeber wirken bei der Bewirtung der Götter zusammen: Philemon sorgt für eine Sitzgelegenheit, Baucis legt ein Tuch darauf, dann facht sie das Feuer im Herd wieder an, sorgt für Kleinholz und putzt den Kohl, den ihr Mann aus dem Garten geholt hat. Es ist auch Philemon (*ille*, 647, nicht *illa*, wie R. Ehwald [Leipzig 1915], E. Rösch [München 1952], G. Lafaye [Paris 1961—1962] und H. Breitenbach [Zürich 1958] drucken; das Richtige hat R. Merkel [Leipzig 1875]; die Angaben über die besten Handschriften M und N in den kritischen Apparaten sind nicht ganz eindeutig), der mit einer Gabel vom Dachbalken ein geräuchertes Rückenstück herabholt und von dem lang gehüteten Fleisch für die Gäste ein Stück abschneidet — allerdings nur eine kleines (650). Das soll nicht heißen, daß er den Gästen nichts gönnt, sondern, daß ihm die Sparsamkeit in Fleisch und Blut übergegangen ist; einstweilen handelt es sich ja nur um ‚normale‘ Gastfreundschaft; die Götter haben sich noch nicht zu erkennen gegeben. Liest man *ille*, so erhält der betrachtete Abschnitt eine sinnvolle Gliederung: Vorbereitung des Sitzplatzes: Philemon und Baucis: 639 f.; Feuermachen: Baucis allein: 641—645; Besorgen und Zurichten des Kohles: Philemon und Baucis: 646 f.; Herabholen, Zuschneiden und Kochen des Schweinerückens: Philemon allein: 647—650.

Die Beschreibung zeigt, wie gut Philemon und Baucis zusammenarbeiten: Dies ist schon bei der Zurichtung der Sitzgelegenheit deutlich, noch mehr aber bei der Küchenarbeit. Während Baucis sich um das Feuer kümmert, holt Philemon Gemüse im Garten. Während sie den Kohl säubert, sorgt er für Fleisch. Man sieht: Die anfangs stark hervorgehobene Gemeinsamkeit zeigt sich auch in der ganz selbstverständlichen Arbeitsteilung. Dabei gelingt es Ovid, gleichzeitige Vorgänge sukzessiv darzustellen (besonders geschickt das Plusquamperfekt 646, das rückblickend Philemons Tätigkeit in die Arbeiten der Baucis einblendet).

Mit Vers 654 beginnt wieder ein gemeinsames Tun: das Aufschütteln des Polsters und das Auflegen der Feiertagsdecke (die auch schon recht fadenscheinig ist; man beachte die Alliteration *vilisque vetusque vestis*, 658 f.). Baucis stellt einen Tisch auf.

Im folgenden werden die Gegenstände zum Subjekt: Eine Scherbe gleicht die Höhe des Tisches aus (622), Pfefferminze fegt den Tisch (663). Vorspeisen, Krater und Becher sind Subjekte passivischer Verben (664—670). Aktivisches Subjekt ist dann wieder der Herd, der die heißen Speisen entläßt (671). Durch die Häufung der Nominative in dem ganzen Abschnitt (661—678) und die Verwendung der Gegenstandsbezeichnung als dramatisches Subjekt wird gro-

ße Lebendigkeit erzielt. All die einfachen Dinge und natürlichen Nahrungsmittel erscheinen auch sprachlich in unmittelbarer Frische; die Personifikationen tauchen die Erzählung in eine märchenhafte Atmosphäre; Verben, die Aktivität oder zeitliches Nacheinander hervorheben (*misere*, 671; *dantque locum*, 673), Zeitadverbien (*posthaec*, 668, vgl. *parva mora est*, 671, *rursus*, 672) und Konjunktionen (*postquam*, 662) lassen ein bewegtes Bild entstehen, einen kontinuierlichen Vorgang abrollen, den der Leser mit den staunenden Augen der Gäste sieht (für Baucis ist dieses Gastmahl ja kein Wunder, sondern eine komplizierte technische Aufgabe). Die Bezeichnungen von Früchten und Landprodukten wirken konkret und anschaulich, sie vermitteln eine idyllische Stimmung, die zugleich an Vergilische Eklogen[65] und an Ovids Schilderung des Goldenen Zeitalters gemahnt. Diese Atmosphäre konkretisiert sich am Ende unserer Schilderung physiognomisch in den freundlichen Gesichtern der beiden Alten (675 f.). Im einzelnen werden die Nahrungsmittel jeweils realistisch gekennzeichnet: grüne Pfefferminze (665), zweifarbige Olive (664)[66]. Sehr viele Attribute beziehen sich auf die Herstellung oder Gewinnung: gepreßte Milch (666), d. h. Quark oder Käse; Eier (667), in schwacher Glut gedreht: Tongefäße sowie ein Krater, den Ovid ironisch „aus demselben Silber gearbeitet" (668) nennt; Becher, die aus Buchenholz hergestellt und mit Wachs beschmiert sind (669 f.); Trauben, die von purpurnen Reben gelesen wurden (676). Durch diese zahlreichen Anspielungen auf die Herkunft der Speisen wird die lebendige Bewegtheit der Schilderung noch verstärkt. Verschiedene Sinnessphären werden angesprochen: das Auge (Farben 663—664, 670, 676, 677), der Tastsinn (*cava inlita*, 670; *rugosis*, 674), der Wärmesinn (667, 671), der Geruchssinn (*redolentia mala*, 675).
Nach Verlauf einer unbestimmten Zeit *(interea)* beginnt ein neuer Teil der Handlung. Auf die Darstellung der Gastgeber folgt nun (679 ff.) die der Götter. Sie offenbaren sich durch ein Wunder: Der Mischkrug wird nicht leer, er füllt sich immer wieder von selbst mit Wein (*sponte sua*, 680). Dieser Ausdruck ist für die Sphäre des Wunders bezeichnend, etwa: „ohne menschliches Zutun" (vgl. Ovids Berufungserlebnis, bei dem sich die Worte *sponte sua* [αὐτομάτως] zum Vers fügten, eine von früheren Interpreten trivialisierte Stelle[67]). In diesem neuen Abschnitt ist die Perspektive umgekehrt wie im vorhergehenden. Sahen wir eben noch den Tisch sich decken (und zwar aus der Sicht der beglückten Gäste, nicht etwa der vielbeschäftigten Gastgeber), so schauen wir jetzt das göttliche Wunder der Vermehrung des Weines mit den Augen der staunenden Sterblichen. Der Krater füllt sich, der Wein „wächst nach" (*succrescere*, 680). Die an Personifikation streifende Aktivierung der

---

65 Vgl. z. B. die Einladung *ecl.* 1,80 f.
66 Entweder: grüne und schwarze Olive oder (so Bömer zur Stelle): doppelte Enallage in bezug auf den Ölbaum, der zugleich grün und silbrig sei; für mich nicht überzeugend, da es sich um eine Farbe und einen matten Glanzeffekt, nicht um zwei Farben handelt; zumal alle übrigen Attribute unmittelbar auf die Gegenstände bezogen sind, halte ich hier den Bezug auf den Baum für unwahrscheinlich.
67 Wegweisend dazu jetzt: W. Stroh: Ein mißbrauchtes Distichon Ovids, in: M. v. Albrecht/E. Zinn (Hrsg.): Ovid, Darmstadt 1968, S. 567—580.

Objekte, ihre Verwandlung in Subjekte, kehrt wieder und erhebt sich aus dem Bereich der Metapher in den einer wunderbaren Realität (*vident,* 680). Das historische Präsens, das eine maximale Nähe zum Objekt herstellt, setzt sich fort. Es vergegenwärtigt den heiligen Schrecken, der die beiden Alten ergreift (*attoniti novitate pavent,* 681), ihr Gebet (*preces ... concipiunt,* 681 f.) und ihre Entschuldigung für die Bescheidenheit des Gebotenen (683). In diesem Zusammenhang ist das Wort *novitas* besonders auffällig. Beide Gastgeber sind schon alt (auch an ihrem Hausrat hat Ovid das Alter hervorgehoben: 658, vgl. 649 — sinnigerweise mit Ausnahme des Weins, der ganz neu, also billig ist). Ein solches Wunder muß durch seine Neuheit die beiden Alten völlig aus der Bahn werfen (die tüchtige Baucis scheint sich allerdings etwas schneller gefaßt zu haben als der eingeschüchterte Philemon, 682).

Sie beschließen, ihren einzigen Besitz, eine Gans, den Göttern zu opfern. Das Tier flüchtet vor der Alten, die ihm nicht schnell genug nachkommt, schließlich zu den Göttern selbst, die die Tötung verbieten. Der Abschnitt ist erzähltechnisch sorgfältig aufgebaut: Imperfekt (Einführung der Gans und der Absicht ihrer Besitzer, sie zu schlachten, 684 f.); historisches Präsens (vergebliche Verfolgungsjagd, 686 f.); historisches Perfekt (Ende der Flucht bei den Göttern und Machtwort der Götter, 687—690). Das Perfekt ist hier als Steigerungsmittel auf den gewichtigen Schluß hin aufgespart. Die gehorsame Reaktion der Alten steht als Folge wiederum im historischen Präsens (693 f.).

Die Rede der Götter ist knapp: „Wir sind Götter. Die gottlose Nachbarschaft wird die verdiente Strafe erleiden; ihr bleibt davon ausgenommen; verlaßt euer Haus und begleitet uns auf die Höhe des Berges!" Das Stichwort *novitas* bleibt für das Folgende bestimmend. Es ist gewiß für zwei alte Menschen kein leichter Entschluß, ihr Haus zu verlassen. Aber Philemon und Baucis beweisen durch Gehorsam ihre *pietas.* (Die Mühe des Anstiegs kommt in v. 694 in Spondeen zum Ausdruck.)

Mit Vers 695 erfolgt ein Neueinsatz (exponierendes Imperfekt): Angabe des Punktes, den die Wanderer erreicht haben; das Hauptgeschehen folgt darauf im historischen Perfekt: *flexere oculos* (696), der erschütternde Anblick des Ergebnisses dann im historischen Präsens: *mersa palude/cetera prospiciunt* (696 f.). Nur das Häuschen der beiden Alten ist stehengeblieben. Das Strafgericht hat sich also hinter ihrem Rücken vollzogen, sie konnten den Vorgang nicht beobachten.

Während sie noch staunen und um das Schicksal ihrer Nächsten trauern (698; die Übersetzung „ihre Landsleute", Bömer[68], ist vielleicht etwas verharmlosend), verwandelt sich ihre Hütte in einen Tempel. An die Stelle der Gabelhölzer treten Säulen, das Strohdach wird zu Gold, der Boden bedeckt sich mit Marmor, die Türen mit getriebenem Metall. Man kann sagen, daß durch die Verwandlung das Haus, das schon vorher ein Sitz der *pietas* war, nun auch äußerlich dazu wird.

Jupiter redet die beiden als *iusti* an (604) und stellt ihnen einen Wunsch frei. Philemon berät sich mit Baucis und eröffnet dann den Göttern den gemeinsa-

---

68 Kommentar, Heidelberg 1977.

men Wunsch, ihnen als Priester zu dienen und auch im Tode vereint zu bleiben.

Der Wunsch wird erfüllt. Die Erzählung springt nach einem kurzen Zwischensatz zur letzten Stunde der beiden, zu ihrer Verwandlung in zwei Bäume, die dicht nebeneinander stehen. Zum dritten Mal in unserer Erzählung schauen sie ein Wunder (*conspexit*, 715). Jeder sieht den anderen seine Gestalt verändern, und sie rufen sich gleichzeitig ein Lebewohl zu.

Zum Schluß greift der Erzähler Lelex auf die Ausgangssituation zurück: Er ist selbst Augenzeuge (*vidi*, 722; vgl. 622). Dieser Rahmen fügt noch ein Element hinzu: die Apotheose. Lelex schmückt die altehrwürdigen Bäume mit einer frischen Girlande und spricht: *cura deum di sint, et, qui coluere, colantur* (724).

Diese Geschichte ist mit weit mehr Behagen als Pathos erzählt. Immer wieder schimmert leichte Ironie des Autors durch, so, wenn er zuerst von den tönernen Trinkgefäßen und dann von dem Krater „aus dem gleichen Silber" spricht oder wenn Philemon von dem sorgsam gehüteten Rauchfleisch für die Gäste ein Stück abschneidet — aber nur ein kleines (*exiguam* auffällig nach der Versfuge) — oder wenn sie schließlich an ihren Stöcken folgsam bergan keuchen (693 f.).

Die Erzählung bekommt besondere Frische durch die Schilderung des ländlichen Mahles, das die Alte ihren himmlischen Gästen vorsetzt. Die Erwähnung der unverfälschten Nahrungsmittel in Verbindung mit herzlicher Gastfreundschaft und Frömmigkeit erinnert an Vergils erste Ekloge, besonders an den Schluß; aber Ovid malt kein Stimmungsbild, dazu ist seine Feder zu spitz und sein Blick zu nüchtern. Noch ausschließlicher als Vergil geht es ihm um den Menschen in der Welt; seine Sehweise ist weniger theozentrisch als diejenige Vergils in der ersten Ekloge — und dies selbst in einer der frömmsten Legenden, die Ovid geschrieben hat.

Versuchen wir abschließend, die Struktur zu überblicken! Als Rahmenstücke entsprechen einander die Dialogsituationen 611—618 und 725—729 sowie (als zweiter Rahmen) die Hinweise des Lelex auf die Bedeutung der Erzählung und auf seine Autopsie (618—625 bzw. 721—724). Durch die Erwähnung der Bäume am Anfang und am Ende ist eine Ringform geschaffen. Sie wird dadurch noch unterstrichen, daß in der Einleitung auf die zwei wichtigsten Verwandlungen der Erzählung in umgekehrter Reihenfolge hingewiesen wird (Baumverwandlung und Sumpf).

Die eigentliche Erzählung gliedert sich in folgende Phasen:

626—636 Exposition: An vielen Türen abgewiesen, finden Jupiter und Merkur schließlich Aufnahme bei Philemon und Baucis, deren Verbundenheit schon jetzt betont wird (keine rhetorische Spielerei, sondern der Hinweis auf die ἕξις, die in der Verwandlung verewigt werden wird).

637—678: Bewirtung der Götter durch Philemon und Baucis. In diesem Stück bringen die Menschen den Göttern Naturprodukte in sinnvoller Zubereitung und Gruppierung dar. Ovid läßt das Menü als eindrucksvollen Prozeß abrollen, wobei im Hauptteil, wie wir sahen, die Aktivität der Gastgeber nicht mehr eigens erwähnt, also alles mit den staunenden Augen der Gäste gesehen wird.

679—719: Offenbarung der Götter durch das Weinwunder, durch die Versenkung der Hütten der Frevler, die Verwandlung der Hütte der beiden Alten und schließlich durch die Metamorphose von Philemon und Baucis selbst. In diesem Abschnitt ist die Perspektive von Anfang an umgekehrt wie im ersten: Jetzt sind die Götter die Handelnden, und Philemon und Baucis sehen ihre Wunder und reagieren entsprechend darauf.

Im ganzen sind also zwei Hauptteile mit gegensätzlicher Perspektive von einem mehrfachen Rahmen umgeben.

Ein Motiv, das Rahmen und Einlage zusammenhält, ist dasjenige des Sehens. Im Stil religiöser Texte stellt sich der Erzähler als Augenzeuge dar (622; 722; vgl. dazu *1. Joh.* 1,1—3: „Das da von Anfang war, das wir gehört haben, das wir gesehen haben mit unseren Augen"; *Joh.* 1,14; *Act.* 4,20; *Joh.* 20,25; *Apc.* 22,8; *Matth.* 13,17; *Luc.* 24,39). In der Erzählung selbst sehen Philemon und Baucis dreimal ein Wunder und ziehen jedesmal daraus die richtige Konsequenz: aus dem Anblick der Weinvermehrung die der Anbetung und des Opfers, aus dem Anblick des allgemeinen Strafgerichts und der Bewahrung ihrer Hütte die des Staunens, der Trauer und der Bereitschaft zum Priestertum, aus dem Anblick des Partners, der in einen Baum verwandelt wird, die des Abschiednehmens.

Was die Funktion der Verwandlungen betrifft, so bringt, wie erwähnt, die Metamorphose des Hauses in einen Tempel dessen Wesen als Sitz der *pietas* zum Ausdruck und verewigt zugleich die Tatsache, daß diese Hütte von Göttern besucht wurde. Die zweite Verwandlung ist ebenfalls die Perpetuierung einer ἕξις , nämlich der Verbundenheit von Philemon und Baucis.

Die Geschichte zeigt uns somit das Leben der beiden Alten in verschiedenen Stadien. Das erste: Sie sind zwei gewöhnliche alte Menschen, die freilich im Unterschied zu ihren Nachbarn bereit sind, Fremde aufzunehmen. Wie schwer die abweisende Haltung der anderen wiegt, wird erst klar, wenn man sich die hohe Bedeutung der Gastfreundschaft in Gesellschaften vor Augen führt, die eine Kommerzialisierung des Reiseverkehrs noch kaum kennen. Die ungastlichen Landsleute, die im Hintergrund unserer Erzählung bleiben und gegen Ende buchstäblich in der Versenkung verschwinden, haben sich durch ihr inhumanes Verhalten (ähnlich wie die lykischen Bauern, s. o. S. 66) selbst aus dem Kreise der Menschen ausgeschlossen. Immerhin wagen es die beiden Alten, den Opfern dieses kollektiven Strafgerichts eine Träne nachzuweinen (und ich sehe keinen Grund, mit Bömer diese Beweinung für „offensichtlich formelhaft" zu erklären, da „die Alten mit ihren Landsleuten *(sui)*, zumal sie ja *impii* waren, keine oder nur geringe Verbindung hatten"). Man darf sich Philemon und Baucis nicht kontaktarm vorstellen, da Ovid gerade die Aufgeschlossenheit zu dem Merkmal macht, das sie von den anderen vorteilhaft unterscheidet. Diese waren zu sehr mit ihren eigenen Problemen beschäftigt und hatten daher für den Besuch der Götter keine Zeit und keine Kraft übrig. Aufgeschlossenheit bewährt sich auch in der erstaunlichen Bereitschaft, sofort das vertraute Heim zu verlassen und den Berg zu ersteigen. Alter ist hier einmal nicht als Erstarrung im Althergebrachten verstanden, sondern als Chance zu Freiheit und Neubeginn. Es muß sich um ungewöhnliche alte Menschen handeln, die ohne Zögern alles Vertraute hinter sich lassen und den Befehl der Götter ausführen. Doch nur äußerlich geht es um Befehl und Gehorsam. In Wahrheit ist es ein Schritt zur inneren Befreiung und zur Gewinnung einer höheren Warte. Tatkraft und Frische zeichnen Philemon und Baucis von Anfang an aus; noch bei der letzten Metamorphose drängt sich geradezu der Eindruck einer biologischen Verjüngung auf: *frondere Philemona Baucis, / Baucida conspexit senior frondere Philemon* (714 f.). Auf die zweite Daseinsstufe als Priester folgt eine dritte, die nur noch angedeutet ist: diejenige als Gott. Es ist gewiß kein Zufall, daß Ovid besonders den künftigen Halbgott Theseus von dieser Erzählung beeindruckt sein läßt (726). Soziologisch kommt es für Ovid in unserer Geschichte nicht so sehr darauf an, Fromme und Gottlose zu unterscheiden und hermetisch voneinander zu trennen, wichtiger ist die Tatsache, daß Aufgeschlossenheit für andere und Entwicklungsfähigkeit der eigenen Persönlichkeit eng miteinander zusammenhängen. Ovid zeigt nicht nur die grenzenlose Macht der Götter (wie es die berühmte Einleitung beteuert: 618), sondern auch und besonders die emanzipatorischen Chancen des Greisenalters und die Entfaltungsmöglichkeiten des Menschen, der sich nicht in sich selbst verschließt.

*Vergleichstexte:*

(1) Goethe, Faust II, 5. Akt, Vers 11043—11353 (Tod in der mythischen und in der technischen Welt).

(2) Voltaire, Candide, Seconde Partie, chap. XII. Hauptgedanke: „Aber nicht in allen Teilen Europas und Asiens, die ich mit Ihnen durchmessen habe, ist alles gut; es ist in Eldorado, wohin zu gehen nicht möglich ist, und in einer kleinen Hütte am kältesten, trockensten, schrecklichsten Ort der Welt" (nämlich bei Philemon und Baucis).
*„Mais ce n'est pas dans toutes les parties de l'Europe et de l'Asie que j'ai parcourues avec vous, que tout est bien; c'est dans Eldorado où il n'est pas possible d'aller et dans une cabane située dans le lieu le plus froid, le plus aride, le plus affreux du monde"* (Realisierbarkeit einer Goldenen Zeit).

(3) Leopold Ahlsen (geb. 1927, Dramatiker und Hörspielautor), Philemon und Baucis, als Hörspiel 1955 vom NDR gesendet, 1959 als Drama veröffentlicht.
Ein altes griechisches Ehepaar steht während des Zweiten Weltkrieges sowohl griechischen Partisanen als auch deutschen Soldaten bei. Sie müssen ihre Gutmütigkeit mit dem Leben bezahlen. Ihr Scheitern liegt an der Unvollkommenheit der Welt.
Themen: 1. Ehe; 2. Tod; 3. Fragwürdigkeit von objektiv gutem Handeln in politisch verwickelter Lage (Verantwortungsethik).
Formal: Tragischer Konflikt.

## Literatur

Ovid: Metamorphoses book VIII, ed. with an introduction and commentary by A. S. Hollis, Oxford 1970.

M. Beller: Philemon und Baucis in der europäischen Literatur. Stoffgeschichte und Analyse, Heidelberg 1967.

I. Cazzaniga: Il Deipnon Adeipnon della Baucis ovidiana: Ricerca di tecnica stilistica, in: La Parola del Passato 18, 1963, S. 23—35.

R. Clade: Menschlicher Wille und göttliche Ordnung. Eine Lektüreeinheit aus Ovids ‚Metamorphosen‘, in: Der altsprachliche Unterricht 22,3, 1979, S. 39—56.

J.-M. Frécaut: Echos de quelques vers de Properce dans les Métamorphoses d'Ovide, in: Latomus 35, 1976, S. 747—760, bes. S. 759 f. (Vergleich Prop. 2,20,18 — Ov. *met.* 8,708—710).

E. Jünger: Zahlen und Götter. Philemon und Baucis. Zwei Essays, Stuttgart 1974, S. 111—151 („Der Tod in der mythischen und in der technischen Welt").

L. Malten: Motivgeschichtliche Untersuchungen zur Sagenforschung, 1: Philemon und Baucis, in: Hermes 74, 1939, S. 176—206.

G. Vögler: Der Begriff der „Metamorphose" bei Ovid. Am Beispiel der Erzählung von den „Lykischen Bauern" und von „Philemon und Baucis", in: Der altsprachliche Unterricht 18/1, 1975, S. 19—36.

# Text 12:   Orpheus und Eurydice (10,1—77)

## Übersicht

A.  1—10  Hochzeit und Tod der Eurydice.

B.  11—39  Abstieg des Orpheus in die Unterwelt. Sein Gesang.
(Lied des Orpheus:
17—18  Anrede
19—26  Ursachen von Orpheus' Kommen *(narratio)*
26—37  Macht der Liebe, auch über Pluto und Proserpina; Bitte, Eurydices Schicksal rückgängig zu machen; Macht des Todes; Menschenrecht auf voll ausgereiftes Leben; Bitte um Nießbrauch *(argumentatio)*
38—39  *peroratio*.)

C.  40—52  Wirkung des Gesanges. Eurydice wird gerufen.

D.  53—63  Aufstieg aus der Unterwelt und zweiter Verlust der Eurydice.

E.  64—85  Orpheus' Entsetzen, Trauer und Resignation.

Das letzte Buch der zweiten Pentade der ‚Metamorphosen‘ eröffnet der Orpheusmythos, eine Künstlersage wie die Erzählungen von Arachne (die die zweite Pentade einleitet), von Daedalus und Pygmalion, die sich sämtlich ebenfalls in der mittleren Büchergruppe finden. Den Rest des zehnten Buches füllt der Gesang des Orpheus, so daß der Bericht von seinem Tode (11,1—66) an den Anfang des elften Buches, also der letzten Pentade, zu stehen kommt.

Die Perspektive der Erzählung von Orpheus und Eurydice ist durch das unmittelbar Vorhergehende bestimmt: Der Hochzeitsgott Hymenaeus kommt von der glücklichen Eheschließung zwischen Iphis und Ianthe zur Vermählungsfeier des Orpheus. Die Heirat zwischen Iphis und Ianthe war durch göttliches Eingreifen ermöglicht worden. Im Gegensatz dazu scheint die Liebe des Orpheus von vornherein unter einem Unstern zu stehen: Schon Vers 3 drückt dies in paradoxer Form aus: Der Hochzeitsgott wird von der Stimme des Orpheus (welch einer Stimme!) vergeblich gerufen. Als Thema klingt hier bereits das Problem der Macht und Ohnmacht des Gesanges an, das auch im Mittelpunkt der Unterweltsszene stehen und im Schlußteil wiederkehren wird (11,18 f.;39 f.). Die folgenden Verse häufen böse Vorzeichen (4—7), die sich alsbald bewahrheiten. Die jungverheiratete Eurydice stirbt an einem Schlangenbiß (7—10). Hart und nüchtern konfrontiert uns Ovid mit den Tatsachen. Von gefühlvoller Anteilnahme findet sich vorerst keine Spur.

Die Überleitung zur Haupthandlung wirkt geradezu frostig: Nachdem Orpheus seine Frau zur Genüge an der Oberwelt beweint hatte, ging er in die Unterwelt (11 f.). Der Leser tröstet sich ein wenig mit dem Gedanken, daß Orpheus' Klagen vielleicht an die Gottheiten der Oberwelt gerichtet waren und daß er jetzt (was unbestreitbar zutrifft) die unterirdischen Mächte anflehen will; aber der Eindruck der Kühle bleibt. Auch der Marsch durch das Schattenreich der Persephone wird kurz abgetan (14—17). Eingehend verweilt Ovid dagegen beim Gesang des Orpheus, der die Unterirdischen rühren soll. In diese kunstvoll aufgebaute Rede legt er seine ganze Meisterschaft.

Die Eröffnung mit o hat besonders feierlichen Charakter. Die angeredeten Gottheiten sind diejenigen der Unterwelt, „wohin wir alle zurückfallen, die wir als Sterbliche entstehen". Damit ist die allumfassende Macht des Schattenreiches und seiner Beherrscher gekennzeichnet, von denen Eurydices Schicksal abhängt (17 f.). Der Tod als Naturgesetz wird ein Hauptthema der Rede sein und die Voraussetzung für die (zweite) Bitte des Orpheus (37) bilden. Der nächste Punkt der Einleitung ist die Ankündigung, ehrlich und ohne Beschönigung sprechen zu wollen (19 f.). Sie gehört insofern zur Technik der antiken Redekunst, als der Sprecher durch seine Lauterkeit und aufrichtige Gesinnung (rhetorisch gesprochen: sein Ethos) gewinnend wirken will. Dann begründet Orpheus seine Unterweltsfahrt, so daß das *exordium* organisch in die *narratio* übergeht. Er kommt weder aus Neugier (*ut opaca viderem / Tartara*, 20 f.) noch um Heldentaten zu vollbringen (21 f.)[69]. Sein Motiv ist also nicht persönliche Eitelkeit. Auch dieser Punkt der Einleitung, nur scheinbar eine objektive Begründung, dient also dazu, Orpheus seinen Zuhörern sympathisch zu machen. Er kommt um seiner Frau willen, der eine Viper, auf die sie trat, die „wachsenden Jahre" geraubt hat. (Der Ausdruck ist hier farbiger und gefühlvoller als in der Exposition. Der Unterschied ist beabsichtigt: Dort geht es um Information, hier um Rührung.) Mit der Erwähnung des frühzeitigen Todes Eurydices wird zugleich darauf hingewiesen, daß sie ihr Leben noch nicht zu Ende gelebt hat; als zur Unzeit Verstorbene (ἄωρος) hat sie also ei-

---

69 Gemeint ist der Höllenhund Cerberus, der von Hercules zu Eurystheus gebracht wurde.

nen gewissen Anspruch auf Rückkehr. Orpheus fährt nun fort, um Verständnis zu werben: „Ich wollte es ertragen, und ich bestreite nicht, daß ich es versucht habe; aber die Liebe blieb Sieger" (25 f.). Damit beruft er sich auf eine übermenschliche Macht. Und wieder geht er auf seine Zuhörer ein — besonders auf Proserpina: „In der Oberwelt ist dieser Gott (Amor) wohl bekannt, ob er es auch hier ist, möchte ich bezweifeln". Diese Bemerkung soll die Angeredeten zum Widerspruch herausfordern und dadurch ihre Sympathie noch mehr gewinnen. So korrigiert sich Orpheus denn auch sofort: „Doch ich glaube, er ist auch hier bekannt." Und er erinnert an die Geschichte vom Raub der Proserpina durch Pluto. Amor hat also auch das Herrscherpaar der Unterwelt verbunden (29). Sein Name bildet den Wendepunkt vom ‚Orpheus-Teil' zum ‚Eurydice-Teil', genau im Zentrum der Rede steht das Pronomen *vos:* Pluto und Proserpina besitzen die Macht und sind dazu aufgefordert, Orpheus und Eurydice wieder zusammenzuführen. Amor, der kurz vor und kurz nach der Mitte genannt wird, ist ein Gott, den alle Beteiligten anerkennen. Dieser Umstand erleichtert die Überredung.

Damit hat Orpheus seine Bitte genügend vorbereitet, um sie aussprechen zu können: „Bei diesen Orten voller Angst, bei diesem gewaltigen Chaos und dem Schweigen des riesigen Reiches..." Hier gewinnt Orpheus der Unterwelt einen pathetischen Effekt ab, indem er Größe und Schweigen betont, während zuvor das Gewühl der Schatten (14) und danach plastisch gezeichnete Einzelbilder (41—44) hervortreten. „Ich flehe euch an, macht den vorzeitigen Tod der Eurydice rückgängig." Das Schicksalsgewebe[70] soll für Eurydice aufgelöst werden (*retexite,* 31: Treffend übersetzt der holländische Dichter Vondel „ontweef" d. h. „ent-webt", „löst das Gewebe auf"[71]. In *properata* (31) klingt das Motiv des unzeitigen Todes wieder auf, das Orpheus bereits in der Einleitung anschlug.

Orpheus setzt zu einer Begründung an, die auf den Anfang der Rede (18) zurückgreift: Wir, das heißt alles Vergängliche, sind euch letzten Endes verfallen. Es ist mit Heinsius und dem Laurentianus 36.12 (11./12. Jahrhundert) *debemur* zu lesen, das viel kräftiger ist als das farblose *debentur* der übrigen Handschriften[72]. Ihr habt die längste Herrschaft über das Menschengeschlecht. Auch Eurydice wird euch rechtmäßig gehören, wenn sie, gereift, die ihr zustehenden Jahre vollendet hat. Durch das Wort *matura* kommt wie oben durch *crescentes* (24) eine biologische Vorstellung ins Spiel. Orpheus begründet hier ein Menschenrecht mit Argumenten aus der Natur. Die Allmacht des Todes findet ihre Grenze im Naturrecht des Menschen auf ein Leben, das voll ausgereift ist. Mit seinem ‚Antrag' verbleibt Orpheus aber vorsichtig im Rahmen des positiven Rechts; er erkennt an, daß Eurydice Eigentum der Unterweltsgötter ist, und verlangt im Sinne des römischen Rechtes für sich nur den *usus*

---

70 Vgl. M. v. Albrecht: Der Teppich als literarisches Motiv, in: Deutsche Beiträge zur geistigen Überlieferung 7, 1972, S. 11—89, bes. S. 51 ff.

71 M. v. Albrecht: Vondels niederländischer Ovid. Ein poetisches Testament, in: Lampas 12, 1979, S. 154—172.

72 Andersons Textgestaltung ist insofern inkonsequent, als er sich an den Parallelstellen (18 und 32) jeweils verschieden entscheidet: Er liest *creamur,* aber *debentur.*

*fructus.* Auf die juristische Argumentation folgt als *peroratio* die verzweifelte Ankündigung, notfalls in der Unterwelt zu bleiben, eine Provokation, die zum Widerspruch herausfordern soll. Während in der ersten Hälfte das Ethos dominiert, steigert sich in der zweiten (29 ff.) das Pathos bis zu dem aggressiven Schlußsatz: *leto gaudete duorum* (39). Die einzelnen Teile der Rede sind von abnehmender Länge, so daß die Kürze des Schlusses besonders eindringlich wirkt.

Der Gesang des Orpheus rührt die Verdammten im Jenseits, und sie unterbrechen ihre gewohnten Tätigkeiten. Tantalus greift nicht mehr nach dem Wasser, das Rad des Ixion bleibt stehen, die Geier zerfleischen nicht mehr die Leber des Tityos, die Beliden vergessen, Wasser zu schöpfen, und Sisyphus setzt sich auf seinen Felsblock: ein ergreifendes Bild für die, wo nicht erlösende, so doch lindernde Macht des Gesanges — ein wichtiges Thema unserer Erzählung. Das Gewühl der Schatten (48) bekommt jetzt Klarheit und Konturen, und die Macht der Rede hat den Toten und sogar den Eumeniden Empfindung verliehen. Der Sieg des Orpheus ist ein Sieg des Gesanges, mehr noch: ein Sieg der Liebe mit Hilfe des Wortes und der Musik. Dadurch, daß Ovid den Text des Gesanges anführt, erhält bei ihm das rhetorisch geformte Wort den Vorrang vor der Musik. Dennoch ist es nicht die Ratio, sondern das Pathos, das Orpheus den Sieg einbringt. Wenn er nachher selbst diesem Affekt (πάθος) erliegt und dadurch seinen Erfolg zunichte macht, ist dies nur konsequent.

Von den einfachen Seelen über die berühmten Büßer und die Eumeniden steigt die Darstellung auf zu dem Herrscherpaar selbst. Die ausführliche Schilderung mündet (ähnlich wie die Rede des Orpheus) in einen kurzen Satz: *Eurydicenque vocant* (48). Die Erscheinung der Geliebten wird kurz angedeutet. Sie ist noch unter den neu angekommenen Seelen, und ihr Gang ist durch die Wunde behindert (48 f.). Das Auftreten der verwundeten Eurydice hat Ovid geschickt demjenigen Didos im sechsten Buch der ,Aeneis' nachgebildet (*inter quas Phoenissa recens a vulnere Dido, Aen.* 6,450). Außer dem Anklang an Vergil (48 f.) beachte man den selbständig hinzugefügten anschaulichen Zug, der sich auf die Gangart bezieht. Ovid versäumt auch — im Unterschied zu Vergil in den ,Georgica' (4,315—558) — nicht, rechtzeitig anzumerken, daß es Orpheus ausdrücklich verboten wurde, vor dem Verlassen des Schattenreiches zurückzublicken. Vergil ist vom Pathos seines Stoffes so durchdrungen, daß er es vergißt, diese für das Verständnis doch entscheidende Tatsache beizeiten auszusprechen, vielleicht weil er sie bei seinen Zuhörern als bekannt voraussetzt. Ovid ist demgegenüber betont sachlich.

Bei der Schilderung des Aufstiegs häufen sich Adjektive, die Dunkelheit, Schwierigkeit und düstere Stimmung charakterisieren. Es folgt ein Neueinsatz kurz vor Erreichen der Oberwelt. Von Furcht ergriffen, Eurydice könnte zurückbleiben, aber auch von Sehnsucht, sie anzuschauen, wendet Orpheus voll Liebe den Blick. Hier, im entscheidenden Augenblick, wird Ovid wieder geradezu lakonisch: *flexit amans oculos: et protinus illa relapsa est* (57). Die folgenden zwei Verse sprechen nicht, wie man manchmal angenommen hat, von Orpheus, sondern von Eurydice, von der auch vorher und nachher die Rede ist.

Nur zu Eurydice paßt auch der Wunsch, „sich festhalten zu lassen" *(prendi)*. Ovid erlebt das Geschehen nach dem Wendepunkt aus der Sicht Eurydices. Sie stirbt zum zweiten Mal, aber beklagt sich doch nicht über ihren Mann. In Parenthese verweist Ovid noch einmal auf die Liebe als entscheidendes Motiv: *quid enim nisi se quereretur amatam?* (61). Die Liebe ist somit nicht nur ein Hauptfaktor für den Erfolg des Orpheus in der Unterwelt, sondern auch für sein Scheitern auf dem Rückweg (vgl. auch *amans* im entscheidenden Augenblick, 57).

Eurydice ruft Orpheus nur noch ein letztes Lebewohl zu, das er kaum hören kann. Hier korrigiert Ovid seinen Vorgänger Vergil, der Eurydice in eine heftige Klage ausbrechen ließ. Ovid verleiht Eurydice Züge fraulicher Zartheit. Sie denkt sogar in diesem Augenblick mehr an Orpheus als an sich.

Erst jetzt kehrt der Dichter zum Seelenzustand des Orpheus zurück. Hier steigert er das Pathos (wie auch bei Eurydice), indem er Orpheus schweigen läßt. Nur ein Gleichnis kann ausdrücken, wie dem Sänger zumute ist: Vom doppelten Tod seiner Gattin ist Orpheus so betroffen wie ein Mann, der angstvoll die drei Hälse des Höllenhundes erblickte und vor Schrecken zu Stein wurde. Wie zuversichtlich hatte Orpheus in seiner Rede gesagt, er sei nicht gekommen, um den Höllenhund zu sehen! Das Gleichnis entlarvt diese Zuversicht rückblickend als tragische Ironie. Ovid fügt zur Erläuterung noch zwei weitere wenig bekannte Gestalten an, deren Schicksal auf eine gemeinsame Versteinerung hinausläuft. Die Gelehrsamkeit bringt eine gewisse Abkühlung, die aber zu der vom Dichter gewünschten Distanzierung beiträgt — und damit den Leser zum Nachdenken anregt. Man sieht: Ovid ist zu höchstem Pathos fähig; aber er will bewußt nicht dabei stehen bleiben: Da es sich um die Versteinerung eines Menschenpaares handelt, ist hier unter dem Eispanzer der Mythologie die ergreifende Tatsache angedeutet, daß Orpheus statt laut zu klagen, Eurydices Tod innerlich miterlebt, gleichsam mit ihr stirbt. Der Schluß seines Gesanges war keine leere Phrase.

Erst später findet Orpheus wieder bittende Worte und versucht noch einmal in die Unterwelt einzudringen. Sieben Tage fastet er am Ufer des Totenflusses und kehrt schließlich in sein thrakisches Heimatgebirge zurück. Ovid hat die Trauer des Orpheus gegenüber Vergil verkürzt, führt also eine nüchternere Sprache.

Nach drei Jahren ohne Frauenliebe (Ovid läßt offen, ob wegen der schlechten Erfahrung oder aus Treue, 80 f.) hat der Spröde sich viele Feindinnen gemacht. Er gilt als Erfinder der Knabenliebe (83 ff.), die auch in den anschließenden Gesängen des Orpheus eine Rolle spielen wird. Der Verzicht auf Frauenliebe (der auch in der Vorgeschichte der Pygmalionerzählung wiederkehrt) wird zur Ursache von Orpheus' Tod werden, von dem der Anfang des elften Buches handelt.

*Hinweise auf Parallelen aus Literatur, Kunst und Musik:*

Vergil, *Georgica* 4,453—527;
Rilke: Die Sonette an Orpheus;

Opern von Gluck und Monteverdi;
Orpheus-Relief (vgl. die Hinweise auf Abbildungen S. 101—103);
Weiteres bei F. Claus und E. De Laer (s. die Bibliographie).

## Literatur

M. v. Albrecht: Metamorphose in Raum und Zeit. Vergleichende Untersuchungen zu Ovid und Rodin, in: Teilnahme und Spiegelung. Festschrift H. Rüdiger, Berlin/New York 1975, S. 55—86.

Ders.: Vondels niederländischer Ovid. Ein poetisches Testament, in: Lampas 12, 1979, S. 154—172.

G. Barra: La figura di Orfeo nel IV libro delle Georgiche, in: Vichiana 4, 1975, S. 193—199.

F. Claus: De Orpheus-Eurydice-mythe van Ovidius: een voorbeeld van dichterlijke imitation, in: Orpheus, Ontstaan, groei en nawerking van een antieke mythe in de literatuur, beeldende kunsten, muziek en film. Onder redactie van A. Provoost, Leuven 1974, S. 77—88.

E. De Laer: De nawerking van Vergilius' Orpheus-verhaal in de Latijnse letterkunde: Ovidius — Seneca — Culex. Poging tot thematische en literairvergelijkende interpretatie, ebd. S. 89—105.

L. Gil: Orfeo y Euridice. Versiones antiguas y modernas de una vieja leyenda, in: Cuadernos de filología clásica 6, S. 135—193.

H. Gugel: Orpheus' Gang in die Unterwelt in den ,Metamorphosen' Ovids (*met.* 10,1—71), in: Ziva Antika 22, 1972, S. 39—59.

M. A. Klement: Interpretierendes Lesen lateinischer Texte, Frankfurt/Main 1975, S. 13—42 und S. 149.

E. W. Leach: Ekphrasis and the theme of artistic failure in Ovids' ,Metamorphoses', in: Ramus 3, 1974, S. 102—142.

H. Naumann: Ovid und die Rhetorik, in: Der altsprachliche Unterricht 11/4, 1968, S. 69—86, bes. S. 82—85.

E. Römisch: ,Metamorphosen' Ovids im Unterricht, Heidelberg 1976, S. 45—70.

Ch. Segal: Ovid's Orpheus and Augustan ideology, in: Transactions of the American Philological Association 103, 1972, 473—393.

Ders.: Eurydice. Rilke's transformation of a classical myth, in: Bucknell Review 21, 1973, S. 137—144.

W. C. Stephens: Descent to the underworld in Ovid's ,Metamorphoses', in: Classical Journal 53, 1958, S. 177—183.

H. J. Tschiedel: Orpheus und Eurydice. Ein Beitrag zum Thema: Rilke und die Antike, in: Antike und Abendland 19, 1973, S. 61—82.

H. Wimmersorf: Einige Betrachtungen zu Orpheus und Eurydike in antiker und moderner Dichtung, in: Gymnasium 64, 1957, S. 340—346.

# Text 13: Epilog (Schlußwort, 15,871—879)

Für den Epilog bietet sich als Ausgangspunkt der Vergleich mit Horaz, *carm.* 3,30 an. Erst vor dem Hintergrund des römischen Vorgängers wird die Eigenart von Ovids Aussage und die Verankerung des Epilogs im Ganzen der ,Metamorphosen' voll verständlich.

Der Vergleich bietet Anlaß zur exakten sprachlichen Beobachtung.

## 1. Gemeinsamkeiten:

(a) Wörtliche Übereinstimmungen: *exegi, quod,* Reihe negierter Vorstellungen, *edax, pars mei, qua; populi, (populorum,* in etwas anderem Zusammenhang).

(b) Leichte Variation von Begriffen: *opus (monumentum). Poterit (possit), abolere (diruere), vetustas (annorum series et fuga temporum), cum volet...aevi (non omnisd moriar). Parte...ferar (multaque pars mei vitabit Libitinam), nomenque erit indelebile nostrum (usque ego postera crescam laude recens). Quaque patet...populi (dum Capitolium...pontifex); legar (dicar).* Das Adjektiv *edax* wird zu *vetustas* gezogen.

## 2. Unterschiede:

(a) Was läßt Ovid aus?
*Aere perennius; regalique situ pyramidum altius; imber; aquilo impotens; innumerabilis; multa; Libitina; crescam; Capitolium, virgo, pontifex; Aufidus, Daunus, agrestes populi* (engere Heimat des Dichters); technische Leistung des Dichters, Aufforderung an Melpomene, den Dichter zu bekränzen.

(b) Was fügt Ovid hinzu?
*Iamque; Iovis ira; ignis, ferrum* (stärkere Zerstörungsmächte) betontes Offenlassen (Anheimstellen) des Zeitpunktes von Ovids Tod (*cum...volet*), ausdrückliche Hervorhebung des Gegensatzes zwischen Leib und *pars melior;* Ovid behauptet, daß der Tod nur über den Leibt Macht hat, rechnet also mit der Unsterblichkeit der Seele. Der Ausdruck *pars melior* ist schärfer gefaßt als *pars multa* bei Horaz (nicht quantitativer, sondern qualitativer Unterschied); Aufstieg des unsterblichen Teils der Person zu den Sternen (keine bloße Redensart, da nur wenige Verse zuvor dasselbe über Caesars Seele gesagt worden war (*luna volat altius illa,* 848)). Somit verankert Ovid den Gedanken der Unsterblichkeit des Dichters in der Ideenwelt der ‚Metamorphosen‘ als logische Konsequenz aus den erzählten Verwandlungen.

## 3. Spezifikation der Unsterblichkeitsvorstellung:
Ovid denkt hier offensichtlich an eine Unsterblichkeit in doppelter Gestalt: einmal als unsterbliche Seele, die zu den Sternen aufsteigt, zum anderen, ganz irdisch, als rezeptionsgeschichtliches Phänomen (*legar, fama*). Der Gedanke eines Fortlebens in zweifacher Form fand sich vor Ovid bei Horaz — allerdings nicht in der bisher von uns betrachteten Ode 3,30, sondern im Schlußgedicht des zweiten Buches (2,20). Dort ist freilich die Deutung des Wortes *biformis* (2,20,2) sehr umstritten. Harald Fuchs denkt an eine Doppelgestalt wie etwa Icarus, andere rechnen (überzeugender) mit einem Nacheinander von Menschen- und Vogelgestalt, was auch der Wortlaut der Ode verlangt. Es ist geistesgeschichtlich interessant, daß im Fortwirken von Horaz 2,20 die Erklärung von *biformis* als Hinweis auf eine Unstersblichkeit in zwei verschiedenen Formen (unsterbliche Seele und Gesang) eine Rolle spielt, so etwa bei dem großen russischen Lyriker Deržavin in seiner Nachdichtung von Horaz 2,20

(s. meinen in der Bibliographie genannten Aufsatz). Die platonisierende Einbeziehung der unsterblichen Seele ist für Horaz problematisch; bei Ovid ist sie unausweichlich.

## 4. Politischer Aspekt:

Der Metamorphosenepilog dürfte nach dem Verbannungsurteil verfaßt sein: Die Anspielungen auf Jupiters Zorn lassen den Dichter in einer ähnlichen Opposition zu dem Machthaber erscheinen wie etwa Arachne zu Minerva. (Auch bei der Actaeon-Geschichte hat man an eine Abfassung nach dem Verbannungsurteil gedacht, s. o. S. 39 m. Anm. 42. Als Paralleltexte bieten sich zahlreiche Gedichte aus den ,Tristien' an; außer auf die Autobiographie (*trist.* 4,10) sei besonders auf *trist.* 3,7 hingewiesen (s. meine Interpretation in: Römische Poesie, Heidelberg 1976, S. 219—230).

Ovid beruft sich auf ein weltweites Leserpublikum, sogar gegen „Jupiters Zorn"; Horaz dagegen weiß sich im Einklang mit der Zentralgewalt und gründet seine Unsterblichkeit auf den Fortbestand der römischen Staatsreligion (3,30). Der Unterschied hängt einmal damit zusammen, daß Ovid mit einer größeren Zahl von Lesern rechnen kann (er ist schon zu Lebzeiten der meistgelesene lateinische Autor), zum anderen mit dem verschiedenen Verlauf ihrer Lebenskurven: Horaz erlebt in jungen Jahren eine Katastrophe, die sein ganzes Leben verändert, Ovid erst im reiferen Alter. So kann Horaz sich eine neue geistige Existenz aufbauen, die einigermaßen im Einklang mit seiner politischen Umwelt steht, während Ovid völlig aus der Bahn geworfen wird und bis an sein Lebensende in einer extremen Randposition ausharren muß. In einer solchen Lage ist die Identifikation mit dem Staatskult nicht mehr tragfähig genug; der Rückgriff auf metaphysische (Unsterblichkeit der Seele) und literatursoziologische Argumente (Leserpublikum) ist beinahe unausweichlich.

## 5. Verwandlung in den ,Metamorphosen':

Inwiefern ist der Gedanke der eigenen Unsterblichkeit des Dichters in den ,Metamorphosen' im ganzen verankert? Vom Typus her gehört dieser Schluß zu den Apotheosen. Für den Aufstieg über die Sternensphären bietet, wie schon gesagt, Caesars Apotheose (15,745—851) die nächste Parallele; für die Trennung von vergänglichem Leib und unvergänglicher Seele liefert die Apotheose des Hercules (9,239—273)[73] einen eindrucksvollen Beleg. In anderen Fällen wird die Apotheose nur festgestellt, aber nicht genauer spezifiziert (Ino und Melicertes, Philemon und Baucis). Die Apotheosen bilden ein Gegengewicht zu den Tierverwandlungen. Während sich in diesen ein bestimmtes habituell gewordenes Verhalten verfestigt, ist die Apotheose, wie wir es z. B. in der Erzählung von Philemon und Baucis sahen, umgekehrt die Konsequenz aus offenem, aufgeschlossenem Verhalten. Es gibt für den Menschen, wie ihn Ovid zeigt, Möglichkeiten des Abstiegs zu niederen Daseinsformen, aber auch des Aufstiegs zu höheren.

---

73 Vgl. auch die Apotheosen des Aeneas (14,581—608) und des Romulus (14,805—851).

## Literatur

M. v. Albrecht: Zur Selbstauffassung des Lyrikers im augusteischen Rom und in Rußland. Horaz (*carm.* 2,20 und 3,30) — Deržavin — Puškin — Jevtušenko, in: Antike und Abendland 18, 1973, S. 56—86.

H. Dörrie: Wandlung und Dauer. Ovids ‚Metamorphosen' und Poseidonios' Lehre von der Substanz, in: Der altsprachliche Unterricht 4,2, 1959, S. 95—116.

C. Moulton: Ovid as anti-Augustan: *met.* 15,843—879, in: Classical World 67, 1973/1974, S. 4—7.

H. Oppermann: Horaz im Unterricht, in: Der altsprachliche Unterricht 1,5, 1953, S. 66—90 (Vergleicht Horaz, *carm,* 3,30 mit Ovid, *met.* 15,871 ff.).

M. Petersmann: Die Apotheosen in den ‚Metamorphosen' Ovids, Diss. Graz 1976 (Vergleicht auch Proömium und Epilog).

# III. Hinweise auf Abbildungen

## (von Franz Martin Scherer)

In Auswahl wird auf Abbildungen verwiesen, die teils in der Allgemeinen Bibliographie, teils in den hier genannten Bänden wiedergegeben sind. Allgemein sind die Hinweise im Kommentar von F. Bömer zu den einzelnen Erzählungen zu beachten.

Dawson 1944 = Dawson, C. M.: Romano-Campanian mythological landscape painting, New Haven 1944 = Nachdruck Roma 1965.

Schefold 1962 = Schefold, K.: Vergessenes Pompeji. Unveröffentlichte Bilder römischer Wanddekorationen in geschichtlicher Folge, Bern und München 1962; vgl. ders.: Die Wände Pompejis. Topographisches Verzeichnis der Bildmotive, Berlin 1957 (ohne Abb.; mit Index der Bildmotive).

Hunger 1969 = Hunger, H.: Lexikon der griechischen und römischen Mythologie mit Hinweisen auf das Fortwirken antiker Stoffe und Motive in der Bildenden Kunst, Literatur und Musik des Abendlandes bis zur Gegenwart, 6., erw. Aufl., Wien 1969.

Kraus — v. Matt 1973 = Kraus, Th. (Text) — v. Matt, L. (Fotos): Pompeji und Herculaneum. Antlitz und Schicksal zweier antiker Städte, Köln 1973.

Pompeji 1973 = Ausstellungskatalog Pompeji. Leben und Kunst in den Vesuvstädten (19. April bis 15. Juli 1973 in Villa Hügel Essen), 3. Aufl., Recklinghausen o. J.

Rieger 1980 = Rieger, E.: Ovid — ein unsterblicher Bildner, in: Die alten Sprachen im Unterricht. Mitteilungsblatt der Altphilologischen Fachgruppe im Bayerischen Philologenverband XXVII/1 (1980), S. 2—28.

Weitere Hinweise gibt:
Baum/Lempp 1983 = S. Baum/U. Lempp: Was ist wo abgebildet? Fundstellenindex zu den Abbildungen in lateinischen und griechischen Unterrichtswerken, Stuttgart 1983.

*Text 2: Die Weltschöpfung:*
Rieger 1980: S. 2.

*Text 3: Phaëthon:*
Rieger 1980: S. 3; S. 23.

*Text 4: Actaeon*
Dawson 1944; Taf. I, Abb. 3 und 5; Taf. II, Abb. 8; Taf. XII, Abb. 37; Taf. XIII, Abb. 33 und 35.
Schefold 1962: Taf. 59,2 und 168,3.
Viarre (s. Allg. Bibliographie): nach S. 224.

*Text 5: Narcissus*
Kraus — v. Matt 1973: Abb. 257.
Pompeji 1973: S. 157, Nr. 210.
Schefold 1962: Taf. 175,4; 176,4; 178,3.
Hunger 1969: Abb. 40.

*Text 6: Pyramus und Thisbe*
Kraus — v. Matt 1973: Abb. 258.
Pompeji 1973: S. 195, Nr. 274.
Rieger 1980: S. 5.

*Text 7: Niobe*
Anderson (in seiner Ausgabe der Bücher 6—10, s. Allg. Bibliographie): nach S. 86 (= Abb.
    380 in: Hafner, G.: Geschichte der griechischen Kunst, Zürich 1961).
Dawson 1944: Taf. X, Abb. 27 und 28.
Hunger 1969: Abb. 4.
Rieger 1980: S. 6.

*Text 8: Die lykischen Bauern:*
Rieger 1980: S. 8 f.

*Text 9: Iason und Medea:*
Rieger 1980: S. 8 f.

*Text 10: Daedalus, Icarus und Perdix*
Ovid: Metamorphoses, Book VIII. Ed. with an introd. and comm. by A. S. Hollis, Oxford
    1970: Taf. III nach S. 60; Taf. IV nach S. 62.
Dawson 1944: Taf. III, Abb. 9; Taf. VII, Abb. 21; Taf. XIV, Abb. 39; Taf. XX, Abb. 47; Taf.
    XXI, Abb. 55; Taf. XXII, Abb. 58.
Kraus — v. Matt 1973: Abb. 128 und 129.
Schefold 1962: Taf. 52,1.
Hunger 1969: Abb. 36.
Rieger 1980: S. 11.
Hebel, B.: Vidit et obstipuit. Ein Interpretationsversuch zu Daedalus und Ikkarus in Text und
    Bild (Ovid — P. Bruegel d. Ä. und ein pompeianisches Wandgemälde — W. H. Auden und
    A. Rodin), in: Der altsprachliche Unterricht 15/1 (1972), S. 87—110.
v. Blanckenhagen, P. H.: Daedalus and Icarus on Pompeian walls, in: Mitteilungen des
    Deutschen Archäologischen Instituts, Römische Abteilung, 75 (1968), S. 106—143 (m. Taf.
    27—47).

*Text 11: Philemon und Baucis:*
Rieger 1980: S. 12 f.

*Text 12: Orpheus und Eurydice*
Anderson (in seiner Ausgabe der Bücher 6—10, s. Allg. Bibliographie): nach S. 86 (= Abb.
    273 in: Hafner, G.: Geschichte der griechischen Kunst, Zürich 1961).
Viarre (s. Allg. Bibliographie): nach S. 64.
Hunger 1969: Abb. 1.
Rieger, 1980: S. 13 f.; S. 24 f.
Curtius, L.: Das Orpheus-Relief, in: Curtius, L.: Interpretationen von sechs griechischen
    Bildwerken, Bern 1947, S. 83—105 (m. Taf. 5—6).

# IV. Allgemeine Bibliographie

*Text*

(1)  P. Ovidii Nasonis Metamorphoses, ed. W. S. Anderson, Leipzig ([1]1977) [2]1982.

*Kommentare*

(2)  P. Ovidius Naso: Metamorphosen, hrsg. und erkl. von M. Haupt und R. Ehwald, korrig. u. bibliograph. erg. von M. v. Albrecht, Zürich/Dublin 1966 (Bd. 1: Buch I—VII, 10. Aufl.; Bd. 2: Buch VIII—XV, 5. Aufl.).
(3)  F. Börner: P. Ovidius Naso, Metamorphosen. Kommentar; Buch I—III: Heidelberg 1969; Buch IV—V: 1976; Buch VI—VII: 1976; Buch VIII—IX: 1977; Buch X—XI: 1980; Buch XII—XIII: 1982.
(4)  Ovid's Metamorphoses. Books 6—10. Ed., with introduction and commentary, by W. S. Anderson, Norman ([1]1972) [2]1977.

*Übersetzungen*

(5)  Ovid: Metamorphosen. In deutsche Prosa übertragen von M. v. Albrecht, München 1981.
(6)  P. Ovidius Naso: Metamorphosen. Epos in 15 Büchern, hrsg. u. übers. von H. Breitenbach, Zürich/Stuttgart [2]1964.
(7)  P. Ovidius Naso: Metamorphosen. In deutsche Hexameter übertragen und mit dem Text hrsg. von E. Rösch, München [7]1977.
(8)  Ovid: Metamorphosen, übers. von R. Suchier, München 1959.

*Forschungsberichte*

(9)  W. Kraus: Ovid. I. Bericht, 2. Teil, in: Anzeiger für die Altertumswissenschaft 16, 1963, S. 1—14.
(10)  M. v. Albrecht: Ovid. II. Bericht, 2. Teil, ebenda 25, 1972, S. 267—290.

*Monographien und Sammelbände*

(11)  M. v. Albrecht: Ovids ‚Metamorphosen‘, in: E. Burck (Hrsg.): Das römische Epos, Darmstadt 1979, S. 120—153.
(12)  Ders.: Mythos und römische Realität in Ovids ‚Metamorphosen‘, in: Aufstieg und Niedergang der römischen Welt 2,31,4, Berlin/New York 1981, S. 2328—2342.
(13)  M. Boillat: Les ‚Métamorphoses‘ d'Ovide. Thèmes majeurs et problèmes de composition, Bern/Frankfurt 1976.
(14)  R. Clade: Menschlicher Wille und göttliche Ordnung. Eine Lektüreeinheit aus Ovids ‚Metamorphosen‘, in: Der altsprachliche Unterricht 22,3, 1979, S. 39—56.
(15)  S. D'Elia: Ovidio, Napoli 1959.
(16)  O. S. Due: Changing forms. Studies in the ‚Metamorphoses‘ of Ovid, Copenhagen 1974.
(17)  K. H. Eller: Ovid und der Mythos von der Verwandlung — Zum mythologischen und poetischen Verständnis des Metamorphosengedichtes, Frankfurt 1982.
(18)  H. Fränkel: Ovid. A poet between two worlds, Berkeley/Los Angeles 1945 (dt. Übers.: Ovid. Ein Dichter zwischen zwei Welten, Darmstadt 1970).
(19)  G. K. Galinsky: Ovid's ‚Metamorphoses‘. An introduction to the basic aspects, Berkeley/Los Angeles 1975.
(20)  H. Haege: Terminologie und Typologie des Verwandlungsvorgangs in den ‚Metamorphosen‘ Ovids, Göppingen 1976.
(21)  P. Hohnen: Ovid als Anfangslektüre, in: Der altsprachliche Unterricht 25,4, 1982, S. 36—52.
(22)  W. Ludwig: Struktur und Einheit der ‚Metamorphosen‘ Ovids, Berlin 1965.

(23) H. Oppermann: Die Antike in Literatur und Kunst der Gegenwart, in: Der altsprachliche Unterricht 10, 1956, S. 40—76; jetzt in: Ders. (Hrsg.): Humanismus, Darmstadt 1970, S. 412—467.

(24) B. Otis: Ovid as an epic poet, Cambridge 1966, [2]1971.

(25) K.-H. Pridik: P. Ovidius Naso. Metamorphosen. Lehrerheft, Stuttgart 1981.

(26) E. Römisch: Integration und Konzentration im altsprachlichen Unterricht, in: Gymnasium 69, 1962, S. 350—365.

(27) Ders.: ‚Metamorphosen‘ Ovids im Unterricht. Mit einem Beitrag von H. Meusel zur Wortschatzarbeit bei der Ovidlektüre, Heidelberg 1976.

(28) H. Skulsky: Metamorphosis — The Mind in Exile, Harvard U.P., Cambridge (Mass.)/ London 1981.

(29) J. Stroux: Ovids ‚Metamorphosen‘ und ihre Behandlung in der Schule, in: Jahrbuch des Vereins Schweizerischer Gymnasiallehrer 1919, S. 170—177 (immer noch sehr lesenswert); jetzt in: M. v. Albrecht/E. Zinn (Hrsg.): Ovid, Darmstadt 1968, S. 315—321.

(30) Ch. Tomlinson: Poetry and Metamorphosis, Cambridge 1983.

(31) S. Viarre: L'image et la pensée dans les ‚Métamorphoses‘ d'Ovide, Paris 1964.

(32) L. P. Wilkinson: Ovid recalled, Cambridge 1955.

# Literaturergänzungen

*Proömium*

M. Boillat: Mutatas dicere formas. Intentions et réalité, in: Journées ovidiennes de Parménie. Actes du Colloque sur Ovide (24—26 juin 1983), ed. J. M. Frécaut, D. Porte, Coll. Latomus 189, Bruxelles 1985, S. 43—56.

*Weltschöpfung*

K. Töchterle: Ovids „Weltalter". Eine textlinguistische Interpretation, in: Der altsprachliche Unterricht 28, 1, 1985, S. 4—15.

*Narcissus und Echo*

H. Ruppert-Tribian: Narcissus und Echo, Passau 1989.

*Pyramus und Thisbe*

H. Cancik-Lindemaier/H. Cancik: Ovids Bacchanal. Ein religionswissenschaftlicher Versuch zu Ovid, Met. 4,1—415, in: Der altsprachliche Unterricht 28,2, 1985, S. 42—61.

*Daedalus, Icarus und Perdix*

E. Sonderegger: Die Flügel des Dädalus. Zur Rezeption einer schwierigen Ovidstelle, in: Gymnasium 93, 1986, S. 520—532.

*Philemon und Baucis*

P. Hohnen: Philemon und Baucis. Zur Methodik der Metamorphosen-Lektüre, in: Der altsprachliche Unterricht 28,1, 1985, S. 16—26.

*Orpheus und Eurydike*

C. Neumeister: Orpheus und Eurydike. Eine Vergil-Parodie Ovids (Ov. Met. 10,1—11,66 und Verg. Geor. 4,457—527), in: Würzburger Jahrbücher 1986, S. 169—181.

*Epilog*

L. Voit: Caesars Apotheose in der Darstellung Ovids, in: Festschrift K. Bayer, München 1985, S. 49—56.